[创意产业研究系列]

电视创意产业

主编　张国良
编著　邱　凌
崔　辰
陈青文

東方出版中心

总序

厉无畏

20世纪90年代兴起于发达国家的创意产业，21世纪初已在全球蓬勃发展，不仅成为发达国家推动经济和社会持续发展的新引擎，也被认为是发展中国家实现经济转型和跨越式发展的重要战略。自2004年首届上海国际创意产业论坛发表宣言以来，创意产业在全国各大城市风起潮涌，在政府、企业和社会各界的热情参与和推动下，创意产业的发展速度大大高于GDP的增长速度，并成为一种推动经济发展方式转变的策动力。就我国起步较早的城市上海、北京、深圳来看，2007年它们的GDP增长率分别为13.3%、12.3%和15.0%；而创意产业的增长率则分别达22.8%、19.4%和25.9%（《中国创意产业发展报告-2008》）。虽然各个国家和地区关于创意产业的内涵和范畴界定还不一样，学术界也还有争论，但创意产业发展的意义已远远超过其作为一个新兴产业在产业层面上的作用，而更在于对传统经济发展模式的颠覆和实现创新。

党的十七大报告从新世纪新阶段中国社会发展的历史高度对推动社会主义文化大发展大繁荣以及提高文化软实力的战略作出了全面部署，并指出"解放文化生产力是实现文化大繁荣的必由之路"。文化是民族凝聚力和创造力的重要源泉，在当今世界进入知识经济的大背景下，文化和科技一样也成为一种生产力，其发展和繁荣越来越成为提高综合国力和国际竞争力的重要手段。

解放文化生产力，人们首先想到的是促进文化的产业化，发现文化的价值，以产品和服务的形式来凝聚文化，并以消费的形式来传播文化，即发展我们通常所说的文化产业。然而文化生产力的释放不能局限于文化产业。我们说科技是生产力，科技对每个产业的发展都有巨大的推动作用，同样，文化成为一种生产力也能够推动各个产业的发展。如同科技生产力的释放决不能局限于科技领域一样，文化生产力的释放也应该与各个产业的发展相结合，即文化也可以作为一种资本或要素渗透到各行各业中去，从而提高产业的附加值，实现产业的升级和创新，即所谓推动产业的文化化。显然，文化的产业化和产业的文化化正是发展创意产业的两条路径。因此，可以说当前我国风起潮涌的创意产业正是文化生产力大释放的体现。

鉴于创意产业在增强综合竞争力、促进产业升级和转变经济发展方式上作用巨大，许多城市和地区都把发展创意产业作为转变经济发展方式、催化经济转型的重要战略措施，并取得了一定成效。然而，由于我国创意产业的发展起步还不久，人们对这一产业的认识还不全面，看法上也还有较大差异，部门和地区间的协调和促进发展的环境也还不理想，因此，它的进一步发展还需要理论的指导和广泛的交流、学习，特别是对国内外发展经验的总结和借鉴。为此，东方出版中心策划出版了“创意产业研究系列”丛书，按照目前国际上对创意产业门类的通行划分，系列丛书共设置十余种书目，其中一本是介绍创意产业最新基本理论的《创意产业新论》，其他几本分别介绍了创意产业各个核心门类，包括广告、建筑、广播电视、艺术品和古董市场、手工艺、设计、时尚、电影、互动休闲软件、音乐、表演艺术、出版、信息技术与网络以及动漫等。这是我国第一套系统介绍创意产业及其相关部门发展理论和实践的丛书，相信本丛书的出版对广大理论研究者和实际工作者的进一步研究和探索能提供有价值的参考。

理论上，创意产业是无边界产业，它可以融合到任何产业里，并以一种新的思维方式提供新的发展模式，实现产业的升级和创新。在实践中，传统产业创意化的趋势日益显著，创意农业、创意旅游等融合型的新产业业态不断呈现，我国创意产业的健康发展和文化生产力的大解放需要更多理论探索和实践总结，我们希望有更多的学者能够加入到创意产业的研究队伍中来，为中国创意产业理论的创新和提升贡献智慧；希望有更多的企业家和创业家能够投身到创意产业的“蓝海”中，为社会和自己创造新财富；同时希望有更多的出版部门能够关注创意产业新思想、新实践成果的传播和推介。东方出版中心在这方面率先走了一步，我们衷心期待这套丛书能够得到读者的推崇，也期待这套丛书能够为东方出版中心带来社会效益和经济效益的双丰收。

2008年6月8日

目 录

绪 论

电视艺术以独特的魅力和丰富的内容，吸引着全球几十亿人的心灵和眼球。作为一门产业的电视行业，则充满了活力和创意，迄今仍处在快速发展的轨道中，并在信息科技发展的影响下，在不同地域文化的背景下，呈现出多样的形态和风格。

从世界电视产业的整体历史来看，作为一门产业的电视，大致经历了这样三个阶段：

（1）起步期：第二次世界大战前后；

（2）成熟期：20世纪60～90年代；

（3）大发展阶段：进入21世纪以来。

世界电视产业起步于20世纪30年代。各发达国家的电视实验阶段在第二次世界大战前大都已完成。1936年11月，英国BBC建立了电视台，在全世界率先定时播放电视节目。1941年6月，美国CBS和ABC在纽约的电视台分别获得了联邦通信委员会签发的执照，成为美国第一批商业电视台，宣告了美国电视业的正式诞生。第二次世界大战中，电视产业陷入了停顿，直至战后重新开始。

第二阶段是电视产业的成熟期，其特征是，全球电视产业以迅猛的速度和带有地域特色的形态发展起来，出现了公营机构与民营企业并驾齐驱的态势。

第三阶段则是进入了新世纪的全球传播大发展时期，全球化、数字化成为最显著的特征。电视媒体集团跨国发展，越来越依赖于国际市场。同时，由于受到新媒体的冲击和影响，市场竞争日趋激烈，迫使各国电视产业在运营方式等方面不得不相应改变策略。

综观全球，电视产业发达的国家一般有以下几个特点，或者说关键词：

● 打造产业链

在政府出台相关政策，为产业提供宽松条件、有利环境的前提下，以明确的分工和合作，形成了完整、成熟的产业链。如美国既是电视产业的大国，也是全球电视产业发展的领头羊，广播电视体制非常健全。新世纪初，美国出现了众多传媒集团，成为在体量上傲视群雄、无可匹敌的“巨无霸”，其在音乐电视、纪录频道等方面的大胆探索和巨大成功，也是一大贡献。英国BBC广播公司几十年雄风不减、独步天下的范例，其体制方面的创新，同样富有代表性、启发性。除了欧美国家外，亚洲国家也在迅速崛起，如韩国电视产业的产业链已相当成熟，以电视产业为龙头，带动了诸如音像、旅游、整容、出版等一系列相关产业的发展和成熟。

● 突出创意

不断推陈出新的创意，是各国电视产业在激烈竞争中制胜的不二法宝。电视产业的竞争，在很大程度上是创意的竞争。以英国为例，这是一个特别注重电视创意经济的国家，据统计，全球45%的节目创意来自英国。正因如此，它才得以在全球经济格局中重振雄风。

● 注重品质

各国电视媒体为了在激烈的竞争中能生存、发展下去，无不坚持高品质的要求，遵循“内容为王”的准则。道理很简单，再精巧的形式，也必须以优质的内容作为基础和前提。而创意的目的，也无非是提高品质。

● 追求特色

在共性中谋求本民族、本国家的个性和特色，这其实与创意、品质密切相关。为了谋求本土特色，各国都制定了一些保护政策。以法国为例，按照法国视听最高委员会1995年的规定，无论是公共电视台，还是商业电视台，播放国外节目的比例都不能超过40%。与此同时，法国还支持欧洲联盟将欧洲新闻频道设在该国的里昂市，以表明其对欧洲文化保护的坚定决心。

本国政策、法规的制定对电视产业的发展往往形成某种程度的制约，但这种制约又构成一种激励。在不同政策、法规的影响下，各国的电视产业呈现出富有本民族魅力和风格的特征来。

各国电视产业的不同风格，尤其值得探究。这正是本书按照不同地域、国家分章写作的原因。

各国电视产业各有哪些具体特征？欧洲的电视产业与亚洲有很大不同吗？哪个国家的电视产业最有创意？日本的电视产业为何受报业的影响？哪个国家电视

产业的发展与政治首脑紧密相关？与其他国家相比，中国的电视产业又有哪些独特的风格和规则？本书的任务，就是把这些问题逐一为读者解读。

作为首屈一指的传媒大国，美国的电视产业无疑有许多值得关注之处，本书将考察的焦点集中于美国的音乐电视——MTV的成功之路，以及Discovery纪录片频道的探索之旅。以"全球化思考，本土化实践"为经营理念的MTV，其电视语言富于变化，定位精确，善于寻找与各种品牌的契合点，然后量身定制富有针对性的节目，并且，遍布全球各地的MTV频道都懂得巧妙地使用本土化的策略，从而赢得当地受众的芳心；Discovery频道则旨在为观众提供多样化、高品质的纪实节目，善于讲故事，受众定位为高端的观众群体，并将教育和娱乐紧密结合，形成强劲的核心竞争力，对于衍生品的开发也非常成功，拥有一套独特的生产、经营和管理方式，其成功模式对全球的纪实类节目产生了重大影响。

但是，美国并非唯一值得借鉴的电视产业大国，其他不少国家在电视产业方面也取得不俗的成就。因此，除介绍美国经验外，本书还把目光投向了几个在电视创意方面领先全球的国家。

同为岛国的英国和日本，它们的电视产业就以创意著称，尤其是在幼儿、学龄前儿童教育这些往往为人们忽视的领域，做出了突出的成绩。

英国的《天线宝宝》（Teletubbies）儿童电视系列片，是由BBC 及旗下专业儿童节目制作公司Ragdoll 精心制作的，针对2～4岁学龄前儿童，制作前请来数百个资深幼儿专家提供技术支持，用真人演出、拍摄、制作。1997 年在英国开播至今，《天线宝宝》已被译成几十种语言，在100多个国家和地区的电视台播出，融入《天线宝宝》的世界，已成为学龄前儿童的一种全球性现象。《天线宝宝》对幼儿的影响是如此之大，以致无论行走在伦敦、上海、纽约还是东京的街头，都随时可以见到其衍生产品的商店：填充娃娃、故事书、VCD、音乐带、拼图、童装等，各种衍生产品在全球旺销。就因为开掘了一个长期被人忽略的市场，同时又准确地把握了这一年龄段观众的主要心理特征，《天线宝宝》取得了巨大的成功。

另外，英国的诸多创意节目，都是其他国家同类节目的来源，从选秀节目"流行偶像"（Pop Idol）到"百万富翁"（Who want to be a millionaire），从"智者为王"（Weakest Link）到"交换空间"……英国推出了一个又一个令人耳目一新、风靡全球的节目，包括中国东方卫视最近创造了高收视率、吸引了许多名人参与的"舞林大会"，其原版也来自英国BBC电视台的"与星共舞"（Dancing With Stars）。之前，这一模式曾先后授权给澳大利亚、比利时、丹麦、德国、美国、西班牙等国家。除了电视节目类型的创意之外，英国的创意流程和创意方法也非常值得学习。

同样，日本虽是自然资源的小国，却是电视产业品牌的大国。与英国一样，它高度重视从文化、价值、生活方式等多方面构建和经营品牌。

日本对学龄前儿童的教育有深入的研究，开创了新颖的教学方式、学派与品牌，其电视幼儿节目也在全球电视史上创造了数一数二的高成本、高品质的纪录。其中，1959年开播的节目“与妈妈同乐”（With Mother）被称为最长寿的幼儿节目，已陪伴三代人成长，创造了一批经典童谣，并成功地开发了周边产品市场。

除英国、日本外，欧陆的几个发达国家，其电视产业也各具鲜明的本土特色。

法国电视产业的亮点之一是表现时尚元素。1997年创办的法国时尚频道FTV，仰仗巴黎得天独厚的“世界时尚之都”的优势，每天不间歇地播报时尚潮流节目，在模特工业和时装工业领域中创造了一套独特的商业模式，将品位与消费紧密结合，广泛地发掘时尚元素。除打造高品味的电视节目外，FTV还开拓了许多盈利丰厚的“副业”，以加深对时尚界的切实影响力。从创立到现在，FTV以其独特的节目编排、成功的市场推广、出色的衍生产品开发，已成长为全球瞩目的世界品牌。

德国相当注重体育赛事转播的专业水准，这与德国的足球俱乐部及其他体育组织对体育产业的开发和运营有关，它们在世界范围内较早地通过出售电视转播权取得可观的商业利益。重大体育赛事的转播，不仅是一种快捷的视讯，也是一门综合的艺术。德国同行对体育赛事的转播，可谓精益求精。例如，在电视机位上，每个转播现场有25台以上的摄像机，几乎覆盖球场全部。在设备上，高倍镜头的运用可以清晰地捕捉到远处某个队员对同伴默契配合所表现出的赞赏表情。在技巧上，电视转播中对蒙太奇的运用，使体育比赛跌宕起伏、激情四溢，让屏幕前的观众感同身受。在剪切上，不管球员有没有和球在一起，任何动作只要有需要，导播马上就可以从最佳角度重放几遍，让人看得明明白白。这种高度专业的电视转播，对一些常人难以察觉的细节都能捕捉到，假动作、小动作一一收入眼底。同时，足球点评节目也做得非常专业和敬业，注重技术性问题的探究。总之，德国特色使体育赛事传播达到了某种美学的极致，吸引了全球亿万观众的眼球。

意大利的案例则显示，以贝鲁斯科尼为代表的政坛人物是如何对广电产业发生重要影响的。政治家纠结着、依托着媒介而步入政界，是意大利电视产业的突出现象。一方面，贝鲁斯科尼敏锐的媒体经营思路不无参考价值，另一方面，由此造成的媒体高度垄断局面和个人媒体霸权，在某种程度上确实影响了新闻媒体的公正和平衡。

在解析各国电视产业发展成就的过程中，也可看到反面事例。法国维旺迪公司的衰败和德国基尔希集团的挫折，都仿佛明镜，映照出一些大传媒集团进退失据、处置失当的深刻教训。

通过对不同国家电视产业的深入考察，我们还可以发现，即使是电视产业中的同一领域，各国之间既有很多相近之处或互相模仿之功，又有一些独特之点或创新之路。仅以电视剧的制作为例，美国、韩国和日本这三个国家都非常成功，但各具特色。

美国电视剧的制胜之道，在于其市场策略。美剧的成功，与其工业化生产模式息息相关。美剧非常重视剧本和故事框架。只有对受众进行充分研究后，才确定故事的纲要。美剧的制播分离制度，使电视台有可能为购买一部优秀的电视剧而付出天价费用，而制作公司之间的竞争，也逼迫编剧们下苦功夫磨炼出上乘的剧本。边拍边播的制作方式，使导演和编剧随时可通过观察观众的反应来决定剧情的走向。偶像型的演员塑造，为电视剧吸引了众多“粉丝”。进军海外市场的大丰收，则创造了美剧收入的重要份额。美剧的表现甚至获得法国《电影手册》的高度评价：在工业化的影视生产领域，美国电视剧的成就已超越了好莱坞的大多数电影。

日剧胜在其现实主义风格。注重社会写实，多以现代人的生活为表现对象，启用“偶像”演员，画面优美。既敏锐而生动地展现了日本人的现实生活，又体现出国家所积极倡导的文化价值和人生理念：顽强拼搏，努力创造美好生活。日剧将日本普通人的生活和梦想作为表现重点，往往带有励志成分，可成为广大观众的生活参照。日剧不仅为日本电视产业做出了重大贡献，更成为日本流行文化传播的关键媒介，堪称日本的形象大使。日本电视剧，特别是偶像剧，在国际上带动了日本产品的消费市场，并促使人们在消费的集体无意识中产生了对日本文化的认同。

韩剧则胜在其商业智慧和文化自信。为开拓世界市场，韩剧努力降低对外发行的成本，以远低于日剧的出口价格，使之广销海外。韩剧非常注重专业化、市场化，一个重要体现就是对电视剧类型的细分，如古装剧、现代剧、时代剧、家庭剧等，每一种类型都有专门的导演和编剧。从内容看，韩剧既表现了韩国传统儒家文化的神韵，又融合了现代流行文化的元素，因而受到国内外观众，尤其是亚洲观众的普遍欢迎。从中，透露出一种商业的真诚，无论是制作电视剧的企业，还是偶像本身的从业态度。而且，作为后起之秀的韩国电视人，还拥有了一种自信心，足以引他人之长，为己所用。例如，在电视剧《大长今》中，食、医两大主线，皆浸透着深厚的中国文化，但在韩国人的编剧和创造中，这两种文化已成为韩国文化的一部分，他们很骄傲地把其作为自己的文化显现出来，并与电视剧本身的故事情节有机契合，从而不显突兀和卖弄。

当然，美剧、日剧、韩剧也有共通之处，它们最大的共同点可能在于：极为注重编剧。编剧的成功，是一部电视剧/集成功的关键。在剧本写作乃至电视剧拍摄、播放过程中，都十分重视来自观众的反应，将观众的反馈及时融入剧情。美剧和韩剧还将海外市场的开拓和运营当作产业链条上的重要一环，其大部分收入都来自海外市场。

不言而喻，我们最为熟悉和关心的地域是中国自己。归根结底，学习、参考各国的成败得失，目的也是为了推动本国电视产业的进步。中国的电视产业起步虽晚，但发展迅速，世纪之交的中国电视产业，已进入了一个转型时期，国际、国内的生存环境发生了重大的变化，各电视媒体既关注节目、栏目内容生产本身的技术性、战术性问题，更关注全球、全国大格局中自身生存与发展的战略性问题。中国在迈向广电大国的道路上，有许多当下的特点和阶段性的变化，呈现出令人振奋和期待的亮色。但与此同时，也有许多困惑和“瓶颈”问题，需积极借鉴他国之长，加以克服和化解。本书在涉及中国的章节中，深入解析了一些反映中国电视产业当下状况的典型事例，如黄健翔事件、“超女”现象、百家讲坛、省级卫视之争等，都具有浓厚的时代意味和中国特点。由于中国内地和港台两地电视产业发展的历史、路径、体制等不尽一致，因此，另辟专章介绍了港台的电视产业，其业绩也可圈可点，启迪甚多。

通过观察各国、各地区电视产业的运作实践，我们得以沉浸在丰富多彩的全球电视创意的智慧海洋之中。通过思考、分析这些国家和地区电视产业发展的经验教训，我们试图总结出其中的一些规律。希冀本书能引起各界人士对世界电视产业的兴趣，成为各位读者对中国电视创意领域加以关注乃至研究的起点而绝非终点，则我们就心满意足了！

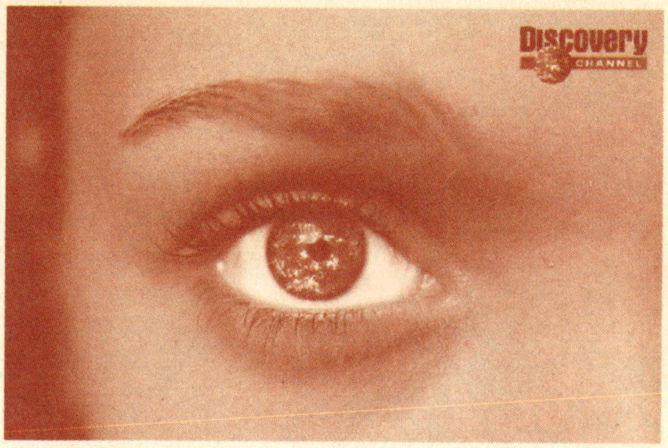

第一章

传媒航母汇集的港湾

——美国电视业

第一章　传媒航母汇集的港湾——美国电视业

美国是世界传媒巨头汇集的地方，在全球排行前十名的传媒公司大部分发家或起始于美国。在线时代华纳、维亚康姆（viacom）、迪斯尼集团、新闻集团、西屋公司等占领了世界传媒市场大半江山的传媒航母，都以美国为大本营，经营着全球的市场。其中，广播电视产业构成这些传媒集团产业的一个不可或缺的部分，而且扮演着越来越重要的角色。世界75%的电视节目和66%的广播节目的生产与制作来自这些集团，它们每年向国外发行电视节目的总量达30 多万小时。在许多国家的电视节目中，美国节目占到60%～70%。从对美国广播电视业的历史梳理过程中，我们能清晰感受到这个行业一路走来的活力；从对这些传媒集团经典案例的分析中，我们能具体触摸到广电产品市场运营的成熟；从理性总结的启示中，我们能深入领悟到传媒产业经营发展的理念。

第一节　美国广电业概说

一、沿革

在广播电视业的发展史上，美国有两个辉煌的“第一”奠定了它在世界广电史上的地位。一是建立了世界上第一个有营业执照的电台——1920年西屋电气公司在匹兹堡创办的KDKA电台；二是成为了世界上第一个播放彩色电视的国家——1954年全国广播公司率先在全国播放彩色电视。这两个世界“第一”出现在同一个国家并不是偶然现象，而且，直到现在，美国依然是广播电视大国，究其原因，物质技术的发展和体制政策的促进，是两股重要的推动力量。

1. 广播

广播最早源自于一些科学家和无线电爱好者从事的无线电广播试验。1906年圣诞前夕，匹兹堡大学的美籍加拿大物理学家费森登（R.Fessenden）在马萨诸塞州一个实验室里进行简短广播（朗读圣经、演奏小提琴）取得了成功；1919年，威斯康星大学WHA广播电台试播了市场行情及气象情况；1920年8月，《底特律新闻》报社楼上的电台开始每天播送音乐、讲话和新闻，这是德福雷斯特（De Forest）的名为8MK的试验台，但领取的是临时执照。而第一个领到正式执照的，就是上文提到的KDKA电台，1920年11月2日正式播音，当天报道了哈定击败考克斯当选为总统的消息。这也成为美国和世界广播事业的开端。①

第一条广播商业广告出现于1922年，美国电报电话公司在纽约的WEAF广播电台率先播出了广告（每15分钟100美元）。这既使人们看到了广播对于广告传播的商业意义，也使电台拥有者看到了广告对于广播的效益支持。1926年，美国无线广播业的先驱萨诺夫（D.Sarnoff）创立了全国广播公司(NBC)，接着建成了红色、蓝色广播网，1934年时已拥有127座电台，遍布美国各州。1927年9月，纽约16家电台建立联播网，后来因财政危机被哥伦比亚唱片公司接管，由威廉·佩利（William Paley）执棒，改名为哥伦比亚广播公司（CBS），至1934年发展到97座电台，在全国形成了与NBC抗衡之势，两家控制了全国电台的一半以上。根据反托拉斯法案，1943年最高法院裁决，强迫NBC出售蓝色广播网，后改建为美国广播公司（ABC）。从此，在全国出现了NBC、CBS和ABC三足鼎立的局面。②

1938年，奥森·威尔斯在广播剧《火星人入侵地球》中绘声绘色的演播，曾引来美国人的极度恐慌。

20世纪30～40年代，是美国广播事业成长的黄金时代。政治人物、企业主纷纷采用广播作为媒介，国际时局变化、战事信息也都借助广播来传播，三大广播公司形成的电台网络，使广播超越了报刊而具有了全国重大影响，成为当时的“强势媒体”。1938年CBS播出的《火星人入侵地球》就是最好的佐证，“魔弹论”的依据就来源于听众对广播的高度信

① 陈力丹著：《世界新闻传播史》，上海交通大学出版社，2002年，第185页。

② 张允若编著：《外国新闻事业史教程》，高等教育出版社，2003年，第294～295页。

赖。第二次世界大战后，广播受到了电视的有力挑战。为了寻求新的发展方向，广播率先向“窄播化”发展，根据受众市场的细分，内容趋于对象化、专门化。60年代起，调频广播和立体声广播发展起来，在播送音乐方面显示了优势，美国广播事业重新兴旺了起来。

2. 电视

电视的试验阶段是从20世纪20年代后期开始的，NBC于1936年开始了电视播放，并于1939年转播了纽约世界博览会的场面。1941年6月，CBS和ABC在纽约的电视台分别获得了联邦通信委员会签发的执照，成为美国第一批商业电视台，从而宣告了美国电视业的正式诞生。但对于第二次世界大战的卷入，使刚刚兴起的电视随即陷入了停顿的困境。

战后，由于频道混乱，1948年联邦通信委员会（FCC）冻结了频道分配。4年后，又取消了这个禁令。1953年FCC制定了彩色电视标准之后，美国电视就以前所未有的速度发展起来。至1958年，电视台发展到538家，电视机社会拥有量达4 500万台，占当时世界电视台和电视机数字的2/3。1967年，美国实现了电视节目的全部彩色化。

技术成为电视发展的助推器。20世纪60年代以后，随着空间技术的发展，美国的电视传播与卫星通信结合起来。1962年7月16日，美国“电星”卫星进行了首次欧美之间电视节目的转播，18个国家、47家电视台参与，观众达2亿。1965年4月2日，世界上第一颗通讯卫星“晨鸟”升空，6月开始了固定的欧美间的电视节目转播，这也成了卫星电话普及的起点。70年代起，卫星转播又同地面电缆传送相结合，促进了有线电视的迅速发展。1972年，美国首家有线电视网（时代公司所属的“家庭影院网”）开播。1980年6月，特纳的有线电视新闻网(CNN)开播。80年代起，美国卫星直播电视(即直接入户电视)进入实用阶段。1994年6月，美国“直播电视台”（Direct TV）首家通过高频广播卫星播出数字电视节目，可供选择的频道为195个。1998年，美国四大电视网（ABC、NBC、CBS和公共广播公司CPB）开通了数字电视台。2001年，全国实行了电视传播数字化。

二、体制

美国的广播电视体制，以私有私营体制为主。在广播电台出现之初，为了避免频道混乱，1927年美国议会制定了广播法，并成立了联邦广播委员会；1934年议会通过更完善的通信法，并将广播委员会改组为联邦通信委员会（FCC）。通信法的要点有三：(1)宣布美国领空的所有频道永远属于全体国民；(2)频道的使用权首先考虑公共利益;(3)频道使用权的授予，实行便利与需要的原则。主要职能在于，审核一个公司拥有的广播电台和电视台的数量和覆盖面，对拥有广播电视台的所有者也有一些限制，以防止过度竞争。1967年11月，美国的公共广播法生效，设立了公共广播公司CPB。主要目的是，有利于传承文化、普及教育等公共利益。

随着传播技术的发展，1934年通过的通信法所具有的一些限制，开始制约传播业整体的发展，于是，1996年美国议会通过了新的通信法案。新的调整主要有：废除一家公司最多拥有12家电视台的规定，允许在50个最大的市场上同时拥有广播电台和电视台；废除一个公司对全国范围内广播电视所有权的限制；撤销对有线电视的收费限额；允许电话公司和有线电视台之间相互进入等。这些具体的规定，扩大了电子传播领域的竞争，有利于刺激电子媒介的发展，因而受到电信界的普遍欢迎。

这个法令的出台，显而易见地给美国广电业的发展注射了强心针。尤其是取消了全国性广播电台所有权的限制，并延续了1984年联邦通信委员会开放监管的措施，提高了地方电台的拥有数量，随之，引发了美国广播业“资产的大规模疯狂收购”。在几年的时间里，几乎所有的美国电台都被几家大公司收购。

2003年6月2日，FCC投票决定，放松在媒体所有权方面禁锢了几十年的限制：提高全国性电视台所有权的上限，允许一家公司拥有最多覆盖全美45%家庭的电视台集团；FCC还结束了在拥有9家或更多电视台的市场上报纸和电视交叉所有权的限制，允许一家公司在同一社区拥有电视台和报纸。

可以预料的是，FCC的新决定将进一步加剧美国广播电视业的竞争，并演绎出一家公司同时拥有报纸、广播、电视等多种媒体的竞争新策略，媒体市场的“蛋糕”将被重新分割——这从FCC作出决定的当天华尔街媒体股及媒体母公司股票就应声上扬的事态中立即得到了印证……①

三、现状

1996年电信法案的出台，给媒介集团的兼并和融合提供了最有力的支持。于是，在20世纪末，美利坚集中上演了媒体间“大鱼吃小鱼”的市场兼并的精彩一幕。

1996年，微软与NBC合作成立了MSNBC，同时提供有线电视新闻和网络新闻；

1996年，迪斯尼公司以190亿美元完成了对美国广播公司（ABC）的并购；

1999年9月7日，维亚康姆宣布以350亿美元收购哥伦比亚广播公司

① 参见中国广播网“2003年（北京）广播发展论坛”，《美广播电视业经营现状及竞争策略探析》，http://www.cnr.cn/home/column/gbforum/changshang/200310180066.html。

（CBS）。这是当年最大的传媒业合并案，涉及广播电视、有线电视、电影和无线电通信等各个领域；

2000年12月15日，美国最大的网络公司之一的美国在线（AOL），与时代－华纳公司合并，这个巨无霸的名称是“美国在线－时代华纳”，集网络、报纸、杂志、无线广播电视、有线和卫星电视于一身。而此前的1995年，特纳广播公司就和时代－华纳走到一起，既巩固了CNN的地位，也为日后的继续兼并铺平了道路；

……

当今在美国最有影响力的传媒集团是，美国在线－时代华纳、迪斯尼/ABC公司、默多克的新闻集团（坐拥FOX）、维亚康姆公司和通用电气公司。美国传媒市场上的这几只“大鳄”，在业务上，早已突破了过去起家的饭碗，涉足到了媒介市场的各个领域；在市场上，除了统领美利坚之外，触角早已伸到了世界各地，所以在北非某个部落的草棚里看到FOX的电视节目也不足为奇了。而过去曾分割了美国广电市场的ABC、NBC、CBS和FOX，也都各易其主，花落名家。

现在的美国，收音机占有了99%的市场，绝大多数人的家里、汽车里、办公室里都有收音机。听收音机的时间平均每年为1 050个小时，每天约3个小时。[①] 98%的家庭拥有电视机，接近83%的家庭接入了有线电视。据统计，一个典型的美国家庭平均每天都看电视，至少是开着电视机7个小时。这样的收听、收视习惯，更加牵引着广电媒体挖空了心思去赢得这块市场。

第二节　经典案例透析

一、MTV——音乐电视唱响世界[②]

MTV——Music Television Network 的缩写。在20世纪90年代初，当国人第一次听到这个时髦名词时，怎么也没想到“音乐”和“电视”能嫁接到一起。时至今日，如果你说没看过MTV或不知道MTV，就一定被当成“老朽一代”了。MTV这个被维亚康姆一手托起的品牌，走出了美国，唱响了全球。如今，这个以音乐为核心的电视品牌，成为维亚康姆的旗帜，以音乐的感染力穿越了国界，为维亚康姆赢得了意想不到的丰厚利润。

1. 音乐的“电视之路”

● 罗伯特·皮特曼与MTV

罗伯特·皮特曼（Robert Pittman）的名字之所以名垂青史，缘于他与MTV

① 参见http://radio.wswire.com/htmlnews/2005/12/20/633367.htm。

② 参见唐润华主编：《解密国际传媒集团》，南方日报出版社，2003年。

的关系，正是这位从小就叛逆的节目制作人，为音乐节目创办了另外一种表现形式——音乐电视MTV。1954年生于密西西比州小镇布鲁克黑文的罗伯特，在童年时失去了右眼，但这丝毫没影响到个性独特和张扬的他。因为迷恋飞行，为了支付课程费用，仅15岁的皮特曼在一家电台找到了播放唱片的工作，这份工作使他与音乐电台结下不解之缘。成年后的皮特曼和华纳一起共事于全国广播公司（NBC）的音乐电台，通过做市场调查，他发现很多听众更愿意收听西部乡村音乐，因此他一改都市音乐风格为西部乡村音乐，还大量裁减流行音乐唱片节目的播音员，代之以从全美各地选拔的能手，接着，又将电台广播时间中的商业广告砍掉。到1979年，电台的广告收入空前，听众人数剧增，皮特曼大获全胜。年仅25岁的皮特曼的成就达到广播业的巅峰，尽管他从未毕业于任何一所大学。那时他是NBC总部的名人，一方面是因为他制作节目的本领高超，另一方面是因为他蓄长发和不修边幅。

后来，皮特曼对广播开始产生厌倦情绪，于是转向电视业，因为电视曾是他幼年生活的一部分。他进入了“华纳美国运通信用卡卫星娱乐”公司，被聘为新频道的节目制作主任。在芝加哥制作《唱片曲集》的过程中他得知，乐队经常制作演出录像，然后把录像带免费送给电视台，通过电视促销。皮特曼由此看出，这将是现代音乐与电视结合的崭新方式。他还认识到，年轻人的思维不再局限于线性模式，所以电视不必按开头、中间、结尾的保守方式来制作，处理信息的方式应该有所不同。他力主尝试MTV，其中可以插播主持人谈论音乐的趣闻轶事，并预告下一次的内容。电视网执行官和广告商对此持怀疑态度，认为没人会喜欢MTV的。尽管如此，作为新兴产业的MTV在配入声音之后，于1981年8月1日首次露面。音乐录像的名字很有针对性：“大败广播的录像之星”。唱片公司迅速走红，年轻人原本并不熟悉的Buggles乐队和Psychedelic Furs乐队的唱片，竟在从未演出过的地区创下销售佳绩。

这个在有线电视频道上每天几乎24小时播放的音乐录像，虽然引来了有些批评家的指责，认为音乐电视中镜头的频繁切换和疯狂节奏，缩短了观众的注意广度，但总的说来，人们公认音乐电视改变了电视节目制作的性质，证明电视不必沿袭传统的线性模式来制作节目。皮特曼曾对记者说：“我们的电视语言就是要使颜色、形状和位置富于变化。这虽然与传统的电视语言格格不入，但我们正是想告诉观众，MTV即多变。”①

● **MTV进入维亚康姆的怀抱**

成立之初的MTV电视网，其资金来自于华纳音乐集团（Warner

① 参见http://www.mtv.com。

Communications）和美国运通公司（American Express）。它后由维亚康姆（Viacom）公司买下，成为一个完全为其拥有的子公司。1987年，MTV所在的维亚康姆公司被国家娱乐公司兼并，这一年成了MTV发展史上重要的转折点。这离不开一个重要人物——雷石东（Redstone），这块“红色的石头”（red stone）发家于国家娱乐公司——20世纪80年代之前，一个小型的影院连锁店（主要是汽车影院），由他出任总裁。但是，“红色的石头”内心燃烧的热情使他并不满足于经营影院，而开始把目光瞄准好莱坞的制片厂。他把经营电影院卖门票、可乐和爆米花的收入投入到制片厂，开始在娱乐业立足。出于对技术发展的敏锐判断，雷石东认识到维亚康姆潜藏的巨大价值。经过几番周折，1987年雷石东终于拥有了维亚康姆。

维亚康姆公司的首席执行官
萨默·雷石东（Sumner Redstone）

在当时的收购中，雷石东的财务顾问力主把MTV和尼克罗迪恩频道（Nickelodeon）视为累赘脱手，但雷石东不为所动。有学者这样判断说：“当MTV和尼克罗迪恩还什么都不是的时候，他就看到了它们的潜力。事实证明，雷石东的赌注是下对了。”日后，MTV音乐电视在全美、在全球的扩展，无不证明雷石东和他的维亚康姆的远见卓识和出色的经营理念。

● 以“内容至上”和“本土化”观念打造MTV

“内容为王”是维亚康姆非常重视的理念。雷石东坚信：“任何传媒企业的基石必须是内容。内容就是一切，内容为王！”内容为王，建立在对受众精确定位的基础之上。公司针对MTV，对市场深入调研，精确定位目标观众。在为MTV量身定制的过程中，每年要花费几千万美元去做市场调研，分析全球青年人时尚的构成、变化，通过性别、年龄、人种的分类，去了解不同人群消费音乐的能力以及他们如何消费音乐。其现有的音乐频道，都具有清晰的观众群定位，便于广告商选择，从而降低了广告投放的单位成本，提高了投放效率。

精确的定位使MTV拥有着全世界12～24岁的众多观

众。雷石东2002年在“21世纪传媒业的发展研讨会”上讲话时就表明，MTV已经有效地在全球3.77亿户家庭12～24岁这个年龄段的人身上打上了它的烙印。而且，MTV也成为全球最有价值的品牌之一，是唯一一家进入百强的媒体品牌。爱音乐的人主要是年轻人，他们追求时尚，因此MTV这个品牌本身也成为时尚、酷、年轻的代名词。因此，摩托罗拉、宝洁这些全球品牌都与MTV结盟。对于这些品牌来说，和MTV合作本身就是一种宣言，意味着你的品牌成为时尚的、年轻的、酷的品牌。

在与全球知名品牌的合作过程中，MTV努力寻找和不同品牌的契合点，然后量身定做有针对性的节目。如给摩托罗拉制作的MOTO ALERT 节目，ALERT是“预警”的意思，这个栏目的定位就是挖掘那些正处于上升趋势、但还没有走红的音乐人。这档节目的受众集中于求新、求异、爱变化的年轻人，而这些人也正是摩托罗拉想要争取的客户；在与宝洁的品牌——“潘婷”合作的过程中，他们发现“潘婷”的消费者多为学生，是大众品牌，因此给“潘婷”设计的节目主要在校园里播出，许多选星比赛从校园做起；而“沙宣”的品牌定位更加时尚，所以针对它设计的栏目里出现的就是那些最当红的明星，以符合“沙宣”高端品牌的定位。

在和世界顶尖品牌的合作过程中，MTV也不断地提升着自己的品牌价值。它通过不断地推出新的歌手，来推动新的潮流，MTV成为流行标准的制定者。它组织的各种各样的音乐比赛，成就了很多知名歌手。而全世界的歌手，想获得世界认可，也一定要先得到MTV的认可。这样的认同，奠定了MTV在音乐世界里的国王地位。

再看本土化的包装。MTV的经营理念就是“全球化思考，本土化实践”，在力求保持MTV频道的综合风格、设计理念及其品牌完整性的基础上，力求推进当地的本土文化和培养音乐人才。使用该国语言、该国音乐人才、融汇该国文化，是MTV在美国之外的国家建立频道时的重要特点。多年以前，MTV的全球音乐电视老板比尔·罗迪就意识到：当年轻人说“我要我的MTV”时，他们真正的意思是说——“我要我们自己的MTV”。对于该国受众而言，一个使用自己母语播出、蕴含本国文化、拥有自己国家音乐人才的频道，才具有心理和地域的贴近性，这为MTV迅速占领市场创造了很好的条件。

全世界的MTV频道几乎都是以本土化的面目出现的。在俄罗斯，他们挖掘了16岁的娜卡·提娜和15岁的尤拉·伏科娃，这两个看起来与许多莫斯科中学生没有什么不同的孩子组成了俄罗斯最热门的流行组合Tatu。这个年轻女孩组合的热门单曲《我快发狂》，在MTV俄罗斯排行榜上停留了15个月。在中国，广东的MTV音乐电视频道依照中国年轻观众的口味，融合MTV全球的节目资源设计和制作力量，以音乐和年轻人的时尚文化为内容开辟了中国特色的MTV，而不是美国MTV的简单翻版。

2.“音乐无国界”——MTV扬帆越洋进军世界

● 点燃年轻人的音乐梦想 ——MTV 的中国之路

1995年， MTV获得了在中国500万户三星级以上酒店和涉外小区的落地权。同时，MTV节目陆续在一些地方台播出。

2003年4月26日， MTV正式在广东省有线电视网落地，成为获准落地的首家国际电视媒体，通过增补39频道，MTV24小时播出的音乐电视节目进入广东的100万个有线家庭，在一定程度上解决了自己的传播渠道问题。作为MTV落地的交换条件，美国维亚康姆公司帮助CCTV–9陆续在美国一些城市的酒店落地。

2005年7月1日，MTV24小时音乐电视频道进一步成功地在广州市有线电视网和深圳市有线电视网落地。落地广东的MTV音乐频道，除拥有本土化的《MTV天籁村》、《MTV光荣榜》、《MTV学英语》等几档节目外，还包括日、韩等亚洲国家和美国、欧洲、拉美等国家地区的音乐。目前，以MTV为主制作的4档节目通过各地方有线电视台进入中国家庭的户数，已达到6 000多万户左右。

而MTV最有影响力的举措，还数来自和CCTV的合作，自1999年“CCTV－MTV音乐盛典”而始的联盟一直持续到今天。中央电视台的影响力和社会号召

CCTV－MTV音乐盛典现场

力，加上MTV全球音乐电视台强大的专业影响力，CCTV－MTV音乐盛典自开办之日起便一直得到世界顶尖五大唱片公司的鼎力支持，参加过CCTV-MTV音乐盛典的中外明星包括王菲、王力宏、李宗盛、张柏芝、谢霆锋、张宇、金城武、那英、孙楠、韩红、羽泉、刘欢、古天乐、莫文蔚、郑秀文、孙燕姿、张国荣、梅艳芳、张学友、黎明、周华健、F4、Aqua、 Alanis Morisette、Bee Gees、Diana Krall、Darren Hayes等。同时，颁奖嘉宾的阵容也非常强大，汇集了中国大陆、香港和台湾音乐界、演艺界的各路明星。这个音乐盛宴一直在中央电视台黄金时间播出，有累计超过5亿的中国观众。同时，还在MTV音乐电视频道亚太频道播出，覆盖7 000万户亚洲家庭观众。颁奖晚会的精彩部分，还将通过覆盖全球136个国家和地区3亿户家庭的MTV全球电视网向全世界播出。每年的音乐盛典，都会吸引国内外众多媒体争先恐后的积极报道，使音乐盛典成为中国最受瞩目的、文化娱乐界的重大事件。①

但MTV并未到此止步。2005年4月27日，MTV全球音乐电视台与中国移动通信集团公司在北京联合召开新闻发布会，宣布双方正式签署阶段性合作协议，进军国内崭新的无线音乐市场。根据双方当天公布的合作内容，中国移动于5月初推出“移动梦网”音乐频道，开辟“MTV音乐专区”，并发布一个以客户对无线音乐产品真实定制、下载量为数据基础的音乐榜单——“无线音乐排行榜”。更重要的是，借助中国移动的网络平台，MTV获得了曲线进入中国内地市场的落地权。而目前MTV在中国内地仅能在广东地区落地，要覆盖其他区域只能通过和地方电视台进行节目合作。因此，MTV全球音乐电视国际总裁毕龙毅评价此次和中国移动的合作，无疑是“MTV在中国市场上取得的一项重大突破性业绩”。②

● **乘着歌声的翅膀——MTV处处开花**

在国外，MTV音乐电视网通过31家本土化的电视频道和17家网站，覆盖了140个国家和地区的3.4亿多家庭。MTV 的经营理念为“国际化思考，本土化经营”（think globally, act locally）。MTV的国外频道，力求在推进当地本土文化和音乐人才的同时，保持MTV的综合风格、设计理念以及MTV商标的完整性。

在欧洲，MTV于1987年就启动了欧洲频道，是24小时播出的英语音乐频道。通过卫星、有线电视等方式发送，覆盖43个国家和地区的1亿户家庭。1996年，为了给广告客户创造开拓地区市场的机会，欧洲频道又创立了4个独立的分频道，分别针对欧洲不同地区的受众。

在亚洲，MTV覆盖了21个国家和地区的1.24多亿家庭。亚洲频道由MTV普通话频道(MTV Mandarin)、MTV 东南亚频道（MTV Southeast Asia）、MTV印度频

① 参见http://www.cnave.com/news/viewnews.php?news_id=3894&year=2005。

② 参见http://ent.sina.com.cn，2005年4月27日18:59，新浪娱乐。

道（MTV India）三个地区频道组成。

在拉美，MTV的拉美频道于1993年启动，一个24小时播出的西班牙语的电视网络，覆盖了拉丁美洲21个地区以及美国的西班牙语市场，大约1 150万家庭接收，成为该地区排名第一的音乐电视频道。同在拉美的版图上，针对巴西的MTV巴西频道早于1990年就开始启动，以葡萄牙语为基础提供音乐。

在澳洲，1997年启动的MTV澳大利亚频道，经过签署特许经营协议，该频道通过Optus Vision 有线台为受众服务。

它甚至专门针对俄罗斯的受众，于1998年开设了MTV俄国频道，覆盖家庭超过1 800万。

……

3. MTV——雷石东的试金石

维亚康姆之于雷石东，雷石东之于维亚康姆，两者交相辉映。MTV作为总公司的旗舰之一，成为雷石东由美国踏向全球的试金石。“音乐无国界”的旗帜飘扬，使人们更加爱上音乐。“内容为王”和“本土化”的操作理念让他屡试不爽，尤其在中国对境外节目限制较为严格的情况下，维亚康姆能有如此骄人业绩，已证明了这一“敲门砖”的功力。具体分析雷石东开拓中国市场的历程，我们能更深切地感受到他的经营理念。

● **以政府公关开路**

1997年，雷石东踏上了中国之旅，为维亚康姆在中国市场上寻找商机。

1999年，雷石东参加了在上海举行的“财富论坛”，但此行也只是与中国企业家切磋经验。

而2001年3月，雷石东的第三次拜访却卓有成效，在只有4天的行程里，他竟有机会拜会了中国国家主席江泽民和有关政府官员。此次拜会的直接结果是，维亚康姆与中央电视台以及中国上百家有线台合作的电视节目可以进入5 400万个中国家庭。

这次的拜会得益于雷石东的理念之一，即与中国政府积极合作，推动中美两国的文化交流，并全力支持和促进中国文化走向世界。参加了1999年的“财富论坛”之后，同年9月，维亚康姆就赞助了在美国举行的“中国文化周”的部分节目，雷石东本人还担任了“文化周”顾问委员会的顾问。同时，公司还在中国中央音乐学院设立了奖学金。

2002年7月，雷石东的中国之行，再次得到了江泽民的会见。

维亚康姆利用自己的优势，积极与中国政府合作，加强了与政府的有效沟通，博得政府的好感，获得了很大的生存空间。这种“先中央再地方”的策略，铺平了维亚康姆的中国之路，MTV的一路唱响奠定了维亚康姆在中国的市场地位。

● 以内容为王制胜

在美国，维亚康姆的经典做法是播出渠道和节目内容相结合，而且非常重视发行体系的建设，把它作为渠道建设的重要环节。但在海外市场，打的却是“内容”牌，成了“内容供应商”（Content Producer，CP）。在中国，这张牌有效地把MTV这个品牌带到了中国。

从管理规则来说，中国政府对外国传媒集团创办电视台和频道落地都有很严格的限制和规定。从成本而言，“内容供应商”的定位免去了渠道建设的大量成本。从内容的市场需求来看，中国是电视大国，电视台的数量居世界第一，而且电视机的拥有量和观众收看电视的时间也都是世界第一。但实际情况却是，频道众多，可看的节目少。一个原因是受限于播出机构的制作力量薄弱，另一个问题则是中国民间制作市场不成熟，缺口很大。所以，雷石东的“内容为王”的策略，一方面使自己的品牌节目满足了中国电视市场对内容的需求，另一方面，在运作机制上也顺应了中国“制播分离”的大趋势。

● 以本土化渗透

维亚康姆把“本土化”贯彻到了家。从员工选择到节目定位，从制作理念到合作联盟，“本土化”的观念渗透到各个环节。

维亚康姆MTV中国区总经理李亦非

从人力资源来看，维亚康姆MTV中国区总经理李亦非是从美国来的“海归”，出色的管理经验和国际化的工作背景，使得曾经为联合国制作、主持过节目的她，在这个职位上驾轻就熟。她的努力，使MTV音乐电视在中国家喻户晓，自己也被《财富》杂志选作为封面人物。中国办事处的员工也基本上都是华人，市场调研、节目定位、节目制作都由他们来完成。他们通过市场调查了解到，中国30%的听众喜欢来自港台的歌星，30%喜欢内地歌手，30%的人想保持与国际的接触，10%想了解北亚国家，如日本和韩国的最新时尚。所以，在广东落地的MTV音乐频道，除了本土的几档节目外，还包括日、韩等亚洲国家和美国、欧洲、拉美等国家地区的音乐。内容比例是，内地的占30%，港台的占30%，国际的占40%。在节目制作上，MTV尽力挖掘中国的音乐人才，推陈出新。在合作策略上，与“央视”和各地方电视台的合作，使MTV更加深入人心。

MTV作为维亚康姆的一个全球知名品牌，凭借着全方位的“本土化”，使维亚康姆“乘着歌声的翅膀”成功地行走于世界。作为全球第二大传媒巨头维亚康姆集团旗下最赚钱的工具，MTV网络如今在美国拥有MTV2、VH1、TNN、CMT等多家电视台，在全球则为4亿家庭提供38个音乐服务频道，去年其营业收入接近40亿美元，以至于维亚康姆集团董事长兼CEO雷石东在一次董事会上调高嗓门总结说:“没有MTV，就没有今天的流行音乐市场，也就没有今天的维亚康姆！”

二、纪录的情怀——探索Discovery[①]

在纪录片专业频道成立之前，没有人相信，单一的专业纪录片频道可以在竞争激烈的美国电视领域生存，但当Discovery频道一马当先创办了纪录片专业频道并一举获得成功之后，美国国家地理、BBC纪录片频道接踵而至，共同瓜分纪录片专业频道领域的市场份额。作为纪录片专业频道的行业翘楚，Discovery频道有着一套自己的经营和管理方式，正是这一套行之有效的体制和理念，使得Discovery频道的收视率节节攀升，创造了美国电视频道发展的奇迹。

1. Discovery的起源

和所有“内容为王”的媒体一样，Discovery最初的成型，也源于其创始人、现任公司主席兼行政总裁约翰·亨德瑞（John Hendricks）的创意。1982年，这个毕业于亚拉巴马大学的年轻人，与其妻弟合伙创办了美国第一个专门播放纪录片的有线教育电视网，并获得成功。后来，一部追寻宇宙演变的电视系列片《宇宙》启发了亨德瑞，他决心自己开办一个电视频道，专门播放和制作有关科学技术、自然、历史、世界文化和人类探险的纪实性节目。这是基于他对已

① 此部分内容参考了网站http://www.discoverychannel.com.cn上资料。

经成功的CNN（专注新闻）和MTV（专注音乐）认真研究后的判断——只有专业性的媒体才有生存的空间。他给这个频道取名为“Discovery”，意为发现过去，探索未来。

在对受众的把握上，亨德瑞聪明地将其集中在小众范围，他曾这样描述心目中的理想观众——“他们平均受教育程度在硕士以上，有稳定而富裕的家庭收入，而且在工作之余，对外界充满了好奇心”。在内行看来，这批观众尽管数量极为有限，却是广告商最为青睐的对象。

事实上，节目首播的时段并不理想——每日从下午3点到次日凌晨3点。不过，由于形式新颖，Discovery还是毫无意外地受到了那些号称是中产阶级或曰“精英阶层”观众的喜爱。而亨德瑞本人不仅借此迅速还清了创办节目的借款，而且成功地吸引了纽约纳斯达克股市上市公司Tele—Commedication公司的子公司——自由媒体公司(Liberty Media Corporation)、考克斯通信传播公司(NYSE Cox Communications)、前进/纽豪斯传播公司（Advance/Newhouse）作为股东。

1985年，约翰·亨德瑞投资2 500万美元，通过Galaxy1卫星，把他的电视信号送入太空，Discovery正式开播，当时大概有15万个订户。到1986年底，订户数已经达到700万。1994年，它在亚太区开播。

2. 精准的“探索”之路

在不断探索的过程中，Discovery对于频道内容的定位和受众的定位，把握得越来越清晰，虽然节目的类型和表现形式多种多样，但都是围绕着精准的频道定位而运行。明晰、准确的定位为Discovery赢得了稳定的收视群体，优质的节目又培养了这些群体的收视习惯，从而为Discovery探索市场铺平了道路。

● **频道定位**

Discovery频道旨在为观众提供丰富多样的高品质的纪实娱乐节目，其纪实片内容涵盖自然、科技、古今历史、探险、文化和时事等领域。主要栏目有：

“Discovery之最”。该栏目囊括了Discovery探索频道中有关人类认知与功绩的所有领域中的最佳，包括考古发现、太空旅行、地标历史、名人伟业、工程突破以及小玩意和小发明等，选取不同的主题，方便观众以前所未有、更加深入的方式探索各自最喜爱的内容。

“科学新疆界”。神话与现实之间的分界线，常常被半真半假的谣言、道听途说的传闻或传说所掩盖。而Discovery频道在“科学新疆界”中为观众揭开事实，披露那些看似众所周知、其实却一知半解的现象与秘密，及时报道最新、最先进的科技发展。从仿生肢体和杀人蜂，到浑身长毛的野人，都融入于这档栏目中。

“重案夜现场”。一滴血迹、一枚残缺不全的指纹，甚至一丝头发，这些东西虽然毫不起眼，但却被用来侦破悬案，惩治罪犯。“重案夜现场”打开了法医学和刑侦学的神秘大门。

“动力特区”。让观众尽情体验最疯狂的惊险与刺激。精彩纷呈的特别专辑，为观众呈现世上最快的交通工具、突破性的军事科技以及令人叹为观止的工程壮举。观众目睹到人类如何打造最浩大、最复杂的建筑，最惊人、最尖端的机器，以及那些将引领人类步入未来的现代科技。

“动物寻奇”。带领观众探索多姿多彩的动物王国。

……

这些有知识、有趣味、有观赏性的节目是Discovery的核心力量。

● **受众定位**

Discovery追求优质的观众群，针对消费能力强的社会主流群体、意见领袖，而不是大量的观众。从Discovery科学节目在中国4个直辖市、6个省级台和10个省会城市电视台的播出情况看，它具有覆盖重点消费城市、引领白领收视人群、服务于企业重点消费人群的特点。“央视”索福瑞2000年的一项调查表明，Discovery科学与科技节目的观众以男性为主，年龄大概在18～45岁之间，收入和文化水平偏高；其中35～44岁观众最多，并且多为男性，是社会主流群体、消费能力强的工商业人士、能影响其他人群购买行为的社区意见领袖。而从目前Discovery已占有的收视市场看，这些受过高等教育的或对科技类题材很感兴趣的、喜欢看Discovery节目的观众，一般都会成为它的固定收视群体。Discovery正是因为拥有了购买力极强同时能左右其他人群购买行为的忠诚观众，所以有较高的广告投资回报率。

由于锁定的收视市场与众不同，目前我国国内22家电视台播出的Discovery节目，时间基本都在晚上5点半到6点半和10点到11点黄金时段的两个边缘播出，而且Discovery无意抢占黄金时段。

作为国际顶尖的科普专题片供应商，Discovery的节目较偏重探寻未知世界，寻求不解之谜，以趣味性、科学性为主要基调，科技含量更为厚重深邃，而另一个频道“国家地理”的节目则更偏重于研究探索大千世界，关注自然环境的微妙细节，激发大众对人类生存环境的珍惜和热爱，发掘更高层次的精神追求，主题更轻松休闲。Discovery讲得深入浅出，较大众化，而“国家地理”一般以深入的科学研究为主，虽然两家可能有一些内容相近，但手段不同。Discovery中国副总裁罗百鸿先生说，“国家地理影片的节目做到了大学生、研究生的层次，而我们只是中专、大学生的范畴，市场定位不太一样。”两者的消费群有所差别，目标受众市场自然也就不同。

3. Discovery的生产

● **生产流程**

Discovery能运行大制作和高投入，在于它有一套成熟的生产流程：节目选题——市场调研——节目制作——节目发行（同时附带衍生产品进入市场），每个环节也都有成熟的工作程序。这样一个类似生产车间的流水线式的工作方式，提高了效率，而且市场定位精准，有投入就有产出，最大限度地保证了利润的实现。

每个节目都是先由一个“主意”（idea）演化而来，在有了这样一个与纪实频道定位相吻合的选题后，作为一般的公司，可能马上就会开拍。但Discovery与众不同的是，它每投入一个节目，在概念构思过程中就与每一个播出地区的前线工作人员和广告销售人员做市场调查，研究此类节目是否有市场及广告，每个推广地是否会买节目版权等。Discovery以电视频道及节目为源头，先培育市场，然后用相同的原料，再生产出电视节目、图书、杂志、音像制品甚至探险产品等不同产品，再将这些产品销往全球各地的电视台及文化市场。各种产品在市场上互相呼应，形成规模效应，将受其影响的市场和人群不断扩大，实现大投入后的大产出。从这点可看出，生产过程中的市场调研和培育的重要性，而且必须在生产之前做这些工作。

在节目制作过程中，Discovery实行的是制片人中心制。它的含义是，节目在拍摄过程中一切以制片人为中心，从前期的题材选择、导演及摄制团队的确定，到后期的一切影像加工，均由制片人作为总负责人。他们是Discovery频道的门户，也是这个帝国的哨兵。一般来说，是制片人根据拍摄内容的不同，在世界范围挑选导演，或者是制片人在邀请某位导演后，由导演、制片人共同协作确定拍摄内容，在确定拍摄内容后，报请Discovery传播公司同意。然后，由导演开始在世界范围内选择拍摄团体，组建节目摄制组。为了保证能邀请到世界上最优秀的创作人才，为了能组建一组优秀合理的摄制队伍，公司会在选题通过之后，即拨付一笔相当于整个预算2/5的资金，这就在根本上保证了节目摄制组能邀请到最优秀的人才加盟。节目主创人员的多样性，使得Discovery频道能充分借鉴世界各纪录片流派及其创作思想的主要成果，进行节目的重构。由于节目有最优秀的制作人加盟，使节目质量有了根本保证，如《基因的秘密》在播出之初就荣获美国电视最高奖“艾美奖”中表彰纪录片的“艾美白天时段奖”。这既是对Discovery频道的肯定，也是对实施制片人制度的肯定。好节目自然受到观众的欢迎与追捧，Discovery频道的收视率就在这种欢迎和期待中节节攀升，为公司创造了巨大的利润。

● **“讲故事”的艺术**

在精通电视节目制作的业内人士看来，Discovery将一个原本非常小众的节目形式做出如此的影响力，关键在于抓住了“寓教于乐”，在形式上善于“讲故事”。这一点从Discovery对外宣传的口号中就可以看出来，它宣扬的Infortainment或Edutainment，就是分别从Information（知识）、Education（教育）与Entertainment（娱乐）合成而来。

最典型的例子就是Discovery通过故事片的叙事手法来制作纪录片。例如，在讲述远古历史的影片中会以真人扮演，重现古埃及或古中国人们的生活场景，以免观众面对古老壁画或破瓷碎瓦觉得乏味；而在“医学神探”这样的栏目中，则由演员扮演角色，重现罪案现场与探案过程，强化紧张刺激的视觉效果。甚至，在关于动物的节目中，为了表现野兽的凶猛，制片人想方设法用真人化妆、加之数码特技的方式来表现，“这和拍电影的方式没什么区别，但Discovery却巧妙地以纪录片出现，自然让人耳目一新”，CNN的一位观察员说。

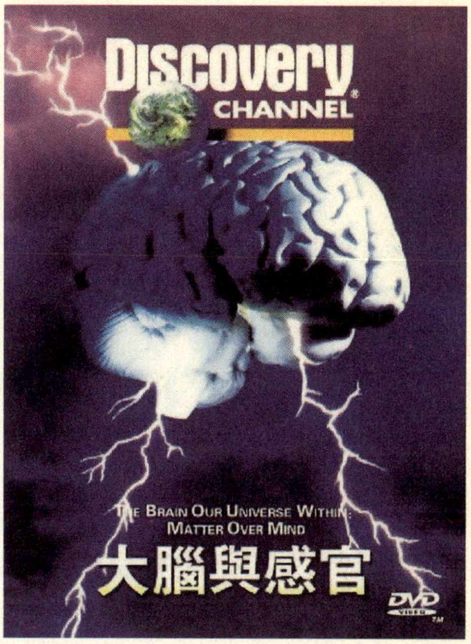

Discovery培养的制片人，无一不以“讲故事”为自己的核心竞争力。虽然Discovery在全球都会挑选一些当地的导演去拍一些素材，但最终节目的合成都必须通过自己的制片人来完成，公司制作人相信：可能很多人都能拍到很好的东西，但怎么把这些东西放到一块，如何来讲这个故事，这是Discovery的优势所在。在Discovery 2002年一个名为“新锐导演计划”全球化方案中，中国的5名内地和1名香港的新导演被资助到山西、河南等地拍摄纪录片，前期的拍摄结束后，Discovery再派一位优秀的制片人到北京，用2个月时间对6部影片逐个进行镜头剪辑。

Discovery频道在记录、重构现实与未来的过程中，依靠了一种历史和预觉的方法对文本加以重建，从而使节目产生了极强的震撼力。在制片人中心体系的指引下，Discovery频道从不同的角度，运用不同的造型手段，通过有规则的叙事结构，以深邃的主旨取向、严密的逻辑表述、正反两方面事例的生动造型及音响效果，准确地表达了节目的审美意象，激发起人们对节目审美的高峰体验，从而博得广泛的赞誉。

● **精品意识**①

对于传媒企业而言，拥有一批经受得住时间和市场考验的精品节目，才能在世界各地的电视节目收视率调查中位居前列。Discovery频道虽然以科学、历史、自然、旅游等为主要内容，但它的每一部影片都是经过精心策划、严密操作甚至涉险拍摄而完成的，因此每一系列都具有极强的神秘感和震撼力。Discovery频道推崇科技传播的精品意识，不仅牢牢抓住全球观众的“眼球”，成为全球近1/4人口的精神食粮，

① 参见郝静静：《Discovery成功之道：专业化 商业化 制片人制》，《视听界》。

而且其制作的节目还屡获国际大奖，为Discovery传播公司赢得了世界性的声誉。

Discovery频道在每投入制作一个节目之前，都要做详尽的市场调查；选择最优秀的制片人、导演、主持人和翻译，介入节目制作；运用最新的拍摄技术和手段，把镜头对准常人无法企及的领域；其制作的每部实播片和实拍片比例平均在1：15左右，最高甚至达到1：75。这一系列近乎苛刻的要求，使其制作的节目每小时的制作费达80万美元，最高达400万美元，每部系列片平均成本均超过100万美元。这必须凭借雄厚的资金投入，才能从拍摄技术、制作人员的配备到市场调研都先发制人，占据优势，从容不迫地生产出全球市场畅销的纪录性节目。

虽然Discovery的片子成本各异，从几十万美元到上千万美元不等，看似财大气粗，但凡事都有精细的预算，绝不乱花一分钱。关于这一点，2002年和它有过合作的朱文达导演印象非常深刻。他说，Discovery很熟悉中国的市场，车费多少、人力多少等预算方案算得很细。他们甚至很清楚从一个地方去火车站有多远，需要开车还是坐车，然后按照中国的市场来评估需要花多少钱。Discovery中国区公关经理康晓寰很自豪地说："我们把钱都花在节目本身的制作和推广上了。我们没有自己的导演，没有灯光师，也没有摄影师，Discovery不养人。一个导演可能在20年之内只有某一段时间能拍出最好的片子，我们要的就是全世界最好的导演拍出的最好的片子。

● **衍生产品**

Discovery依托着强大的节目优势，构建着"探索"的衍生产品和系列产品。Discovery传播公司这个庞大的商业网络，经营着家庭娱乐产品、互动多媒体、国际电视节目的制作、出版、销售、发行、Discovery品牌产品以及广告营销等多种业务，利用其品牌优势进行捆绑销售以达到商业利益的最大化。Discovery属下的子公司——"探索美国传播网"下设：探索频道、学习频道、动物星球频道、探索旅游频道、探索健康频道、探索人物频道、探索儿童频道、探索科学频道、探索家庭和休闲频道、探索文明频道和探索西班牙频道。探索国际企业则包括探索互动式多媒体、探索在线、探索录影带、探索出版社、探索教育部和探索商业零售业务，以及"探索"产品专营店等多项业务。此外，Discovery主题活动公司也办得有声有色，Discovery Pictures、Discovery体验大自然和其他户外冒险活动等主题活动在其大张旗鼓的有力宣传之下，由于策划出色、运作得当、开发迅速而快速占领市场，赢得普通消费者以及户外运动爱好者的广泛好评，与Discovery的品牌形象快速整合，从而达到一致。

在全球化战略指引下，Discovery的节目除了在美国市场赚取利润外，同样的资源还拿到其他市场进行重复销售。同一资源被多次开发利用，实现利润最大化。目前，Discovery已覆盖全球99%的有线电视订户，拥有15个娱乐品牌，可以说是全球发展最迅速的有线电视网之一。在中国市场，Discovery吸引了诺基亚、奥迪、雀巢等知名品牌与之合作，已拥有最大的广告份额。

4. Discovery的运营

Discovery运营体系的成功，在于服从全球化整体系统的运动规律，使部分在作用于整体时，获得了整体让渡部分的最大边际效能。

以亚洲Discovery频道为例，它成立于1994年，为美国Discovery传播公司(DCI)的全资附属机构，提供24小时精彩的纪实娱乐节目。它通过泛美8号人造卫星播放节目，订户遍及澳大利亚、文莱、中国、印尼、马来西亚、新西兰、巴布亚新几内亚、韩国、日本、菲律宾等国家和地区。亚洲Discovery探索频道为迎合个别市场不同需要，节目分别有英语、日语、韩语、汉语、泰语及印地语广播，更有中文、马来文和日文字幕。通过亚洲总部新加坡设施，Discovery探索频道对亚洲文化消费传统进行把握以及再重构，24小时不停地播放在全球不同地方摄制的精彩节目。除了新加坡亚洲总部，其他办公室分布于中国香港、中国台湾。它的边际成本达到相当低的水平，产品达到了与工业产业相当的操作性和预期性。

同时，Discovery在全球六大洲的155个国家流动，使得成本和资源的效用达到最高利用率，这是一种真正体现全球化交错效用规律的产业形态。现在，Discovery拥有12个专业频道，约4 000名员工，节目信号遍及全球160多个国家和地区，累计订户已逾13亿。

Discovery形成的构架是：资产集中，中心稳固；分支松散，植入他国相关媒体企业当中，建立一种庞大的联结的模式。这种模式体现了全球化复杂联结下的高投资、低风险的特性。Discovery依托高、精、尖的节目内容，成熟的发行体系，稳定的受众市场，“探索”着全球。

三、逃出一片生天——《越狱》的成功

“《越狱》，你看了吗？”——2006年年末以来美国FOX公司推出的连续剧集《越狱》，通过BT下载率先在中国网民中爆发了前所未有的热潮。“粉丝”们的感慨如出一辙：这恐怕是迄今能看到的最好看的电视连续剧了。《越狱》通过网络、DVD走向大众，越来越多的“越迷”在自己的博客和相关网站力挺这部尚未播完的剧集，其疯狂程度绝不亚于当年对1983年版《射雕英雄传》、2002年《兄弟连》的顶礼膜拜。《越狱》让人茶饭不思的魔力，不能不让人思考：以此为代表的

《越狱》（Prison Break）海报

美国电视剧何以能走向世界？

1.《越狱》悄然流行

2006年8月，FOX电视网在淡季果断推出旗下的《越狱》，前13集在首轮播放中，平均每集吸引了860万观众收看，而其最后一集的收视人数更达到了1 200万。

这是一个惊心动魄的故事：建筑设计师Michael为了营救含冤入狱即将被处死的哥哥Lincoln，精心策划将自己投进监狱并和哥哥关在一起，他的文身居然是这座Foxriver监狱的地图。于是，一起早有预谋、胆大包天的越狱计划开始实施，Michaer必须在30天内越狱成功。其间，他碰到了各种各样难以想象的困难和障碍，也有新的伙伴参与进来。越狱成功之后，8个人亡命天涯，逃避FBI干探的围追堵截……《越狱》播到第二季就戛然而止了，据说是为了向美式橄榄球赛让路。这让许多"越狱迷"难以忍受，有人甚至写信投诉FOX公司，声讨为什么不把剩余剧集播完。

2006年夏天(美国电视的淡季)，FOX电视网曾试验性地播出了《越狱》的头两集。在首播后几个小时，就有中国网民撰写博客推荐该剧。随后几天，这出深陷阴谋之中的兄弟苦情大戏，就在中国各大美剧论坛以星火燎原之势热火起来。《越狱》刚播完几集，就有"越狱粉丝团"开始张罗着做纪念T恤，制作相当专业的"越狱"中文网也出现在互联网上。中国观众通过BT下载、局域网、在线影院等等网络手段追随着"越狱"之路，虽然《越狱》开播两年以来一直不受艾美奖垂青，但在中国和其他国家却备受青睐。

2. 美剧的成功秘笈

不可否认，《越狱》这样的连续剧再次显示了美国影视创作的雄厚实力，如果认真总结《兄弟连》、《反恐24小时》、《疯狂主妇》、《迷失》等连续剧的成功，我们不难看出美式商业大片的惯用伎俩，这些招数不算复杂，却屡试不爽。

● **诱人的故事框架**

首先是故事。任何一部美式连续剧都具备非常诱人的故事框架。《越狱》的创意最初来自于一个普通员工，“大约3年前，我以前公司里有个女孩，坐在办公室里突发奇想，是否可以拍这样一个故事：一个男人进入监狱里去营救他的兄弟。”电视节目制作公司的米歇尔说，像这样的想法，几乎每天都在诞生。但一个想法还不足以征服投资者，老板们会专门召开会议，有经验和眼光的制片人在其中选出感兴趣的故事，先拍一集出来试播。

第一集拍出后，公司选择不同年龄层的观众志愿者组成一个评审团看片。这可不是简单的看片，米歇尔说：“每个人的坐位上有一个可以旋转的按钮，当他看到一个自己喜欢的情节或者对白时，可以随时旋转这个按钮，有专门的仪器将这个动作记录下来；同样，当他不喜欢这个情节或者镜头的时候，可以往相反的方向旋转按钮。也就是说，这一集当中的每一个时刻，都有观众对屏幕上的变化作相应的反应记录。这些详细的数据，有极大的参考价值，能给制片人很大的启发。”

● **剧本是这样炼成的**

有了好的故事框架之后，如何写出好剧本是成就一部电视剧的关键，美剧剧本的写作方式也是与众不同的。仍以《越狱》为例，在确定拍摄后，接下来要做的工作就是剧本创作。米歇尔说：“我知道剧本创作跟中国的电视剧有很大不同，但美国人已经用这种方式工作很长时间了。”美剧剧本的创作方式是团队性质的。一般一个剧集大概有五六个人进行专门的剧本创作，《越狱》在早期也是这样，“大家在一起开会讨论，策划情节，然后由一个人主笔，写出不同版本的剧本，再提交制片人和老板，根据他们的意见进行修改。”

监狱故事的设计首先就很有看点，如何把故事讲得峰回路转、精彩至极，往往是美国电视编剧们最拿手的。在商业片如此成熟的大环境之下，没有谁比美国商业片的导演编剧们更谙戏剧元素之道了，他们非常懂得怎么样让人物在特定环境中真实可信，符合逻辑。在把握节奏上也驾轻就熟，《越狱》的节奏令人窒息，特别善于在适当的时候甩出包袱，让全片环环相扣、高潮迭起，叙事节奏干净利落、决不拖沓。再就是台词，《越狱》的台词非常精彩，通常与说话者的身份丝丝入扣，毫不唐突。

很久以前，美国的评论家就说，好的编剧都跑去做电视剧，不做电影了。美剧的成功与其工业化生产息息相关，美剧的制播分离制度，使电视台为了一部好的电视剧有可能花费天价购买，而制作公司之间的竞争，也逼迫编剧们下功夫磨炼出好的剧本。

● **偶像型的演员**

演员的选择也决定一部电视剧的成败。演员的选择一般有两条路径，一条是选择当红的影视明星，以号召收视率，但昂贵的片酬也使得投资方对此慎之又慎；另一条是启用新人，这成了大多数制片商的选择，相对较低的片酬降低了成本，而且，如果电视剧市场反应好，那么就会出现既捧红了演员，又提高了收视率的“双赢”局面，这是投资方最愿意看到的结果。

《越狱》的成功证明了这一点。随着它的播出，男主角Michael Scofield的扮演者温特沃斯·米勒成为风靡全球的新生代偶像。“想不到有人穿囚服还能这么帅。”这是“粉丝”对他最常有的赞叹，国内网友更是昵称其为“米帅”，对其追捧有加。这位有着8国血统的俊朗小伙，在跑了10年“龙套”之后，终于得以成名。2004年，当他走进《越狱》选角现场的时候，在场的30多位官员大多数都对他有印象，旋即他就被定为《越狱》的主角。在这部反映家庭、勇气的剧集中，温特沃斯将个人魅力发挥到极致。机智、冷静、重情重义的他，在黑人与白人两派之间游走，有条不紊地实施着越狱计划。自从《越狱》在FOX播放以后，他的名字在著名搜索引擎Lycos上的排名上升了614%。美国各大媒体的封面出现他的照片，被《Primetime》杂志评为当年新剧中最性感的男明星，被《Insider》杂志命名为“银屏上最热的新面孔”，还成为FOX官方网站1998年建站以来观众评分最高的一个演员。英国CuteBears Ltd公司还以米勒为原型，出品了收藏款越狱文身熊，在全球同步上市，限量3 500只。温特沃斯演活了自己在《越狱》中的角色，《越狱》也让温特沃斯一夜成名。

这种启用新人、靓女加帅哥的偶像阵容模式，成就了美国很多连续剧。《老友记》(Friends)里塑造的玉女Jennifer，《迷失》(Lost)里的Jack，《实习医生格蕾》(Greys Anatomy)里的外科医生Derek，《橘子郡男孩》(The O.C.)里更是美少年成群。如此重炮的偶像阵容，加上连续剧固有的长剧情优势，可以长时间地塑造主角的形象，使其色彩更加饱满，自然也就更能捕获观众的心，提高收视率也就水到渠成了。就连《越狱》里的反面人物T-bag，到最后也有一番fans簇拥，就是得益于长时间的人物形象的积累。

《越狱》男主角，以及英国CuteBears Ltd公司以其为原型而出品的收藏款越狱文身熊。

《越狱》男主角兄弟

《老友记》(Friends)

● 吊着胃口播出——边拍边播

对《越狱》最不满意的地方是什么?《越狱》迷百分之一百地会回答:"受不了一周等着看一集。"对此，米歇尔笑着说:"这就是美国观众和中国观众的收视习惯不同，美国人已经习惯一周看一集的方式。"美剧的季播制度，给了电视台以充分的评估权。一般而言，美剧的播出季是在每年9 月中旬到次年4月下旬，每周一集。在播出季的间歇期，电视台决定是否继续下一季，以及下一季内容的走向。而且，边拍边播的形式，也让制作团队能及时通过收视的反馈情况来调整剧情的设置和人物的命运。美剧崇尚收视率至上的法则，使编剧们随时以此为参考，调整剧情的紧张程度。评论家的文艺批评、广告商的意见，也能对编剧团队产生一定的影响。

关于诸如"迈克和莎拉能否最终走到一起"或者"两兄弟的关系是否最终破裂"等问题，米歇尔笑着说:"不用说我了，就连《越狱》的编剧们都不知道。"美剧边拍边播的特性保证了一部口碑不错的美剧能持续保持其优势，导演和编剧随时可以通过观察观众的反应来安排剧情的走向。有代表性的还有《反恐24小时》里面反角的设定，谁都有可能，编剧往往会根据观众的反响，设定一个最不可能但又不失合理的人物来大吊胃口。《反恐24小时》的第六季更是明目张胆地将伊朗问题的走向和剧情连为一体，甚至可以推测伊朗问题的发展，决定该剧后半季的发展。

美剧的市场竞争异常残酷。各大商业电视网每年委托制作公司拍摄十几部新电视剧，但其中只有1～2部可能获得足够的观众，以拿到继续制作的合同。制片公司会根据竞争者，特别是同类型竞争者的播出情况作出调整，尽量避开强劲的竞争对手。"美国的电视节目市场划分得非常细致，不同性别、年龄和文化背景的观众都会被列入不同的收视人群。"在美国，各种类型的剧集都会有一个此消彼长的过程，观众对一种类型的剧集产生审美疲劳，那些冷门的类型就会上来。随着《老友记》和《弗雷泽》这样的老牌室内情景喜剧落幕之后，剧情剧开始走红，《反恐24小时》、《迷失》、

《迷失》(Lost)海报

《疯狂主妇》(Desperate Housewives)剧照

《越狱》、《英雄》这些新鲜面孔成为人们追捧的对象，《越狱》诞生在这样一股剧情剧的热潮中，可谓生逢其时。

● **市场运作**

海外市场目前的前途一片光明。默多克的卫星运营商“天空英国”，以每集185万美元的价格买下了《迷失》的英国独家播映权，这是迄今为止售价最高的美国电视剧。这个价格虽然是天文数字，但是在英国，一般美剧授权平均价格也要每小时75万美元，比几年前翻了一倍。加拿大、澳大利亚和东欧一些国家也签订了购买协议。

在德国，德国私营广播公司ProSiebenSat 1 2007年同意出资3亿美元，购买未来3年内华纳兄弟的电影和电视节目。RTL则继续购买《犯罪现场调查》，每周分三次在黄金时间播出。

法国第一大电视台TF 1 2007年以高价买下了迪斯尼最新剧集《丑女贝蒂》。

西班牙Cuatro利用福克斯的《怪医豪斯》，宣传整个频道，让主演休·劳瑞（Hugh Laurie）在广告中评论该台的其他剧集。

在意大利，“天空意大利”欲购买一批美国电视节目，包括《犯罪现场调查》和《迷失》。

……

总体来看，一线美剧平均每集的海外售价在150万～200万美元之间。

“这些都是能赚大钱的一流美剧，由于最近大家对美剧非常感兴趣，所以价格也上涨了。”迪斯尼美国和海外电视发行总裁劳拉·杨格（Laurie Younger）说。除了《迷失》和《疯狂主妇》，她还提到《实习医生格蕾》、《犯罪心理》（Criminal Minds）和《鬼语者》（Ghost Whisperer）以及真人秀《急速前进》（The Amazing Race），在海外也很紧俏。福克斯也立志让《越狱》第二季在海外取得《反恐24小时》和《怪医豪斯》的成绩，也坚信詹姆斯·伍兹（James Woods）主演的《律政狂鲨》（Shark）在海外能掀起狂潮。CBS派拉蒙则把希望寄托在《小镇危机》（Jericho）上。

如今好莱坞电视节目的海外销售额远远高于20年前。虽然美国电影协会不愿透露官方数据，但Variety预计，2007年六大好莱坞电影公司海外电视和电影的销售额达到70亿美元。海外市场和美国国内电视节目重播的收入相当，也只比国内票房收入总额低20亿美元。

美国电视剧，正以它越来越考究的艺术品位，越来越奔放的自由创意，区别于日趋僵化的好莱坞。法国《电影手册》甚至敏感地认为，在工业化的电影制造领域，美国电视剧的成就已经超越了好莱坞的大多数电影(《黑客帝国》除外)。美剧的成功对中国连续剧的启示是不言而喻的。近年来，中国已成为电视剧大国，2007年中国电视剧就已经达到529部、14 607集，电视剧创作水准也逐步提高。但不得不承认，我们仍然缺少成熟的商业大片，国产电视剧通常情节拖沓、台词空洞、人物空泛；家庭伦理片动辄充满某种“文艺腔”，各种宫廷片更缺少精彩的故事和细节，侦破片通常极度夸张、充满说教。让观众欲罢不能的精彩连续剧实在是凤毛麟角。

《越狱》、《迷失》等美国电视剧大作，在让观众对国产电视剧失望的同时，也刺激了国内电视剧的制作者，至少确立了某种商业样板：什么样的连续剧才能真正让观众心悦诚服。比如由于《兄弟连》的启迪，我们有了《亮剑》、《八路军》，由于《性感都市》而有了《好想好想谈恋爱》，《反恐24小时》也催生了几部还算过得去的侦破片。目前，国产电视剧的题材已越来越宽泛，国内的创作者们不妨沉下心来，认真借鉴美剧的长处，把电视剧拍得更精彩一点。

第三节 小结与启示

美国的广播电视之所以不仅立足国内，还能漂洋过海，称霸全球，其中有许多经验值得我们借鉴。

一、通信领域中“柏林墙”的拆除——产业松绑

美国有关广播电视等信息传播业的法律体系相对比较健全，法律随社会、产业的发展、变化而适时修正，并逐步走向成熟。政策给产业的发展营造了宽松有利的环境。从1934年的电信法到1996年的“大松绑”，又至2003年FCC的新决议，把媒体所有权中的电视观众覆盖率从35% 提高到45% ，同时取消禁止媒体集团在同一市场同时拥有报纸和电视台等限制，给美国媒体行业提供了一个充分自由竞争的环境。

美国广播电视业从政府放松管制开始，便出现了两个前所未有的举动。一是内部的兼并、联合，市场日益集中在几个大广播电视乃至媒介集团手中；二是广播电视业与其他产业，包括电信、计算机、互联网等进行整合。放松管制给传媒业的发展带来很大优势：首先，业务的多样化使传媒集团的收入形成了互补；其次，公司还提供“多平台”的广告模式，即把无线、有线、互联网、报纸、杂志等进行捆绑

销售，无疑在吸引更多的广告商方面占得先机，从而获得更多的利润。然而，产业的集中和垄断同时也带来另一个极其严重的后果，那就是将导致意见多元化的丧失。这对于美国的公众利益，无疑是一个巨大的挑战。

二、竞争总攻略ABC

维亚康姆的CEO雷石东在总结品牌经营的经验时，经常会提到ABC策略。A即Acquire（购买），就是购买和开发最好的内容。B即Brand（品牌），就是对内容进行品牌建设，并在经济可行的前提下，将这些内容在尽可能多的平台和市场上进行杠杆经营。C即Copyright (版权)，就是为自己创建品牌的内容进行严格的版权保护。在对MTV的经营过程中，ABC策略贯穿其中，MTV的成功，验证了这个容易记忆的法则的功效。

其实，成功的品牌经营都离不开这三步，Discovery、Disney、ESPN等等，它们都在开发了品牌之后，极力去保护品牌的版权，严防盗版、伪造的出现。

三、电视节目辛迪加

所谓电视节目辛迪加(syndicate)，是一个节目分销系统，节目分销商把同一个新节目或旧节目的播出权，分别卖给不同的电视台， 以“一稿多投”的办法来扩大节目影响，增加节目价值。电视节目辛迪加使单个节目实现了网络化播出，从而使这些节目得以效益最大化。像美国著名的电视谈话节目“奥帕拉节目”，在美国国内有200多家电视台，从每周的周一到周五都在下午播出，这意味着，在美国的几乎任何地方，都能差不多同时看到这个节目。此外，它在美国以外还有100多家电视机构用户。

“奥帕拉节目”大概是世界上最赚钱的电视谈话节目，这当然主要是因为节目的质量高，主持人受欢迎，但辛迪加模式为它提供的传播条件同样是不可缺少的。也正由于“一稿多投”式的网络性播出，使得优秀的辛迪加节目能获得极佳的经济效益，才保证了这些节目的高额制作成本和相应的制作质量。

四、明确的分工与合作——在媒体产品的每个环节上都获得利润

从媒体产品生产——流通——消费的每个环节上都获得利润。

1996年电信法案生效后，媒体兼并狂潮引导美国广播电视业进入了大媒体联合企业时代，“制播分离”的传统受到了前所未有的冲击。大公司、大集团在大举兼并、收购播出机构的同时，也把内容制作的企业、公司网罗到自己的麾下

（内容供应商CP），这就使节目制作公司和电台、电视台及联播网的关系，从产销双方的商业对手变成了相互提携的家族兄弟。大媒体联合企业集团独享了广播电视媒体产品生产——流通——消费各个环节的利润，制播又合一了。

需要指出的是，这种“制播合一”是相对各大媒体联合企业集团为一整体而言的。在各企业集团内部，播出平台与内容制作仍是“制播分离”，媒体产品生产——流通——消费各个环节产生的利润，被分别记录到了不同单位的财务报表上。这样的“制播分离”，既使电台、电视台等播出平台避免了内容制作的投资风险，又确立了媒体产品生产——流通——消费各个环节均有利润空间可能存在的游戏规则。

五、注重利用品牌的辐射效应

在树立起品牌之后，还要将品牌裂变、扩张，形成同类的其他产品，以提高规模效应。维亚康姆在成功打造了MTV之后，又从中裂变出新品牌MTV2，仍以音乐为号召，为市场所叫好。这样的做法，最大限度地继承和开掘了成功品牌的效应，同时节省了新品牌的宣传推广费用，这种一举两得的操作，对于稳固和开拓新的市场都有积极的效果。

思考题

1. 结合具体实例，说明美国电视体制和政策对美国电视业的发展有何作用？
2. 美国维亚康姆集团的MTV是如何实现全球化经营的？
3. Discovery频道的生产制作过程，对中国频道专业化的建设有何启示？
4. 同为行销于全球的专业化频道，如何理解MTV的内容“本土化”理念和Discovery的内容“国际化”策略？
5. 美国电视剧的市场化运作经验，对中国电视剧的发展有何借鉴意义？

第二章

创意之都——英国电视业

第二章　创意之都——英国电视业

2007年3月初的一天，在历史悠久的伦敦泰晤士河边的泰特现代艺术馆，英国首相布莱尔向来宾们骄傲地宣称："伦敦已经成为全球创意之都。过去这个称号曾属于巴黎、柏林和纽约。现在，它属于这里。"创意经济可以说是布莱尔政府最大的亮点之一。1997年，政府组织成立了创意产业领导小组，寻找经济突破口。英国因此成为最早重视文化创意产业的国家，也是最早提出创意产业的定义和内容的国家。13种行业的确定，为世界各国发展本国创意产业提供了罗盘。

10年以后，英伦王国的形象焕然一新。过去，英国的经济基础由制造业奠定，今天的英国，以哈利·波特、贝克汉姆为代表的文化产品再次席卷全球，英国音乐产业出口的净收益比英国钢铁工业还要高。目前，英国有超过200万人在从事创意工作，其中有超过50万人集中于伦敦。许多享誉世界的设计创造，如ipod、iMac、mini汽车等，都来自英国设计师的灵感。

在广播电视行业里，英国也是领创意潮流之先锋。过去的3年里，英国一直是全球最大的节目原创国，平均创新节目量达到10万个。若以小时计算，全球年均45%的节目创意来自英国。这不得不让我们把目光投向这一创意成就不凡的岛国。

第一节　英国广电业概说

一、简史①

1. 广播

英国是世界无线电事业的发源地。1922年12月，马可尼公司联合其他5家无线电企业，组建了民营的英国广播公司，揭开了英国广播事业的历史。当时的目

① 本节参考陈力丹著：《世界新闻传播史》英国部分，上海交通大学出版社，2002年。

的是为了推销收音机，不料第二年就销售了12.5万台。1927年，英国政府将已建的民营公司改组为公营的英国广播公司BBC，授予它在全国经营无线电广播的特权，规定BBC不播广告和付费节目，经费来自收音机的附加费和每年的执照费以及政府的津贴。BBC改为公营后，积极在国内各地建立地方台，很快形成了完备的国内广播网，居民拥有收音机并领取使用执照的数字逐年增加。1932 年起，开办对外广播，并且随着国际形势的变化和战争的临近，陆续增加语种，扩展播送范围。

第二次世界大战期间，英国实行战时体制，BBC改归政府宣传部领导，国内外广播坚持进行。战后BBC恢复原有机制，广播事业进一步发展，1955年开始调频广播，1967年起兴建地方电台，在各主要城市建立电视发射台。1972年，国会同意开放商业广播电台，1973年10月，英国第一家商业电台——伦敦广播公司开播，BBC独家垄断广播的局面被打破。随着电子媒介的普及，1977年广播收费停止。

现在，英国拥有商业广播电台174家，听众占有率为49%，其中3家为全国性的广播电台。作为公营台，BBC拥有庞大的广播网络，有5家全国性的广播电台和57家地方性广播电台。节目内容涵盖了音乐、歌剧和新闻节目等等。BBC和一批商营广播电台已经开始实行数字声音广播。2004年，数字声音广播的渗透率为3.8%，预测到2008年，数字声音广播的渗透率将达到28%。

2. 电视

英国于1926年就开始进行电视研究和实验。1936年，BBC建立了电视台，11月在全世界率先定时播放电视节目。第二次世界大战期间，电视播映暂时中断。战后，英国各界对广播电视的独家垄断问题发生了争论，历经数年，持反对意见者逐渐占据上风。1954年6月议会决定允许开办商业电视，并组建独立电视局(1TA)负责管理。1955年9月，第一家商业电视台(伦敦电视台)开播。1964年，BBC开设电视二台。1967年，用PAL制式开播彩色电视。

1972年，议会决定开放商业市场，成立独立广播局(1BA)，同时管理商业电视和广播，独立广播局拥有发射设备，并向私营的节目公司颁发使用发射设备的经营许可证。从此以后，BBC独家垄断电视和广播的局面被完全打破。新广播法颁布后，自1992年起，独立电视委员会和无线广播局取代独立广播局，前者负责商业电视，后者负责商业广播，它们有权颁发经营许可证，颁布实施相关的行政法规。商业电视公司和电台的收入，几乎全部来自广告，节目更具娱乐性。

在英国，转播地面电视节目供用户接收的有线电视早就出现，但是专门的有线电视行业则在20世纪80年代才有发展。有线电视用户仅占电视观众的22%，相比起来，英国的卫星电视发展较快。正当英国想进一步发展有线电视和卫星电视的时候，新型的数字传播方式开始替代模拟信号，这又迫使英国的广播电视业重新考虑发展方向。英国政府于1995年8月发表了著名的《关于数字地面电视的政府议案》，正式启动了电视数字化的进程。

英国现有5个全国性的免费电视频道，分别是：BBC1、BBC2、独立电视台频道（ITV）、第四频道（Channel 4）和第五频道(Channel 5)，后3个为商业频道。1990年，由新闻集团控股的英国空中广播公司(BSkyB)垄断了英国的直播卫星市场。1998年10月，开播数字卫星电视。2001年9月，完全停止了模拟卫星电视服务。地面数字电视由以卡尔顿通信公司和格拉纳达公司为主建立的“英国数字广播公司”（BDB）经营。英国的有线电视市场现由新合并的NTL公司独家垄断。截至2005年9月，英国数字有线电视用户数量达到264万，数字电视家庭总数达到1 647万，数字电视渗透率为65.9%。

二、公私并存的双轨制特色

英国实行公共广播电视和商业广播电视并存的广播电视体制，这种体制的建立也给欧洲其他国家的广播电视管理提供了范本。

1927年，英王颁发了“特许状”，将BBC定为“公营台”的身份，享有执照费的收取特权。这个特权一直持续了近30年。随着广播电视业的发展，战后英国就打破广播电视垄断展开了多年的争论。在这种情况下，1952年虽然BBC续签了特许状，仍然授予它12年的独占广播的权力，但作为一种让步，1954年8月，国会通过电视法案，允许开办民间商业电视台，组建独立电视局（Independent Television Authority，ITA）负责管理。1972年，国会同意了开放商业广播电台，独立电视局改为独立广播局（Independent Broadcasting Authority，IBA；此处的广播是广义的概念），对商业的电视台和电台进行管理。这样就打破了公营台BBC独霸英国市场的局面，形成了公私并存的双轨特色。

在广播电视领域，英国非常重视法律治理，同时辅以政策规制。从无线广播电视的诞生，到公共广播电视、商业广播电视及其监管体制的确定，再到有线电视、卫星电视、数字电视、网络电视的发展，一般是先制定法律，后进行实践，同时辅以政策。英国为了发展有线电视，1984年制定有线电视法，设立有线电视局监督管理有线电视业；1990年的广播法、1996年的广播法和2003年的广播通信法3部广播法，则规范了广播电视的商业运营。《2003年广播通信法》遵从了欧盟新修订的电子通信法，设立综合监管广播电视和通信的机构——通信办公室。现在英国的广播电视行政管理机构是文化媒体体育部，电子通信和频率的管理则由贸易产业部负责。

第二节 经典案例透析

一、英伦文化的一张王牌——BBC

英国的BBC是英国广播公司（ British Broadcasting Corporation ）的简称，是英国公营台的代言人。长久以来，一直被认为是全球最有影响的媒体之一。在相当长的一段时间内，BBC一直垄断着英国的电视台、电台。在1955年独立电视台和1973年独立电台成立之前， BBC一直是全英国唯一的电视、电台广播公司。它俨然是英国的一面镜子，与之共生共存。今天的BBC，除了是一家在全球拥有高知名度的媒体外，同时还提供其他各种服务，包括书籍出版、报刊、英语教学、交响乐队和互联网新闻服务。它成了英伦三岛文化中具有独特魅力的一张王牌。

BBC的标识

1. 历史地位

● **80余年的路**

英国广播公司成立于1922年，由几个大财团共同出资，包括马可尼（Marconi）、英国通用电力公司（GEC）、British Thomson Houston等。

1927年，BBC获得皇家特许状（Royal Charter of Incorporation），由理事会负责公司的运作，理事会成员由政府任命，每人任期4年，公司日常工作则由理事会任命的总裁负责。

1932年，BBC帝国服务（BBC Empire Service）开播，这是BBC第一个向英国本土以外地区广播的电台频道。1938年，BBC阿拉伯语电台开播，这是BBC的第一个外语频道。到第二次世界大战结束时，BBC已经以英语、阿拉伯语、法语、德语、意大利语、葡萄牙语和西班牙语7种语言向全世界广播。这是BBC全球服务（BBC World Service）的前身。

BBC新闻频道的频道宣传画面

1936年11月2日，BBC开始了全球第一个电视播送服务。电视广播在第二次世界大战中曾经中断，1946年重新开播。1953年6月2日，BBC现场直播英国伊丽莎白二世在西敏寺的登基大典，当时全英国约有2 000万人观看了女王登基的现场实况。

1967年，BBC开始了BBC Radio1电台服务，以播送流行音乐为主。1983年，BBC又第一个开播了早餐时间广播服务“BBC早餐时间”，抢在了竞争对手的前头。

1991年，BBC正式开办BBC全球新闻服务电视频道，后在1995年1月更名为BBC World。它是一家商业电视台，通过广告赢利。

由于商业电台和电视台的冲击，BBC早已不是独霸天下。但近80年的积累，无论是在英伦三岛，还是在世界范围，BBC依然享有盛名。现在的BBC电视台，拥有一台(BBC ONE)、二台(BBC TWO)、三台(BBC Choice)、四台(BBC Knowledge)、国会频道(BBC Parliament) 、新闻频道(BBC News 24)、CBBC（8岁以上的儿童节目频道）、CBeebies（8岁以下的幼儿节目频道）。在全球拥有BBC Prime（欧洲及亚洲地区）、BBC美国频道、加拿大频道、食物频道（南非与北欧）、儿童频道（加拿大）、BBC World（全球各地）。电台有 BBC Radio 1（当代流行音乐）、BBC Radio 2（轻音乐与喜剧）、BBC Radio 3（爵士乐、古典音乐和非西方的音乐）、BBC Radio 4（非音乐娱乐节目、新闻、纪实节目）、BBC Radio Five Live（新闻、体育综合与评论）、BBC亚洲网（以英语和其他多种语言广播）、BBC全球服务等等。

虽然频道众多，但制作水准绝没有因此而有所降低，反而因为是BBC的频道，才独享了观众的几分尊重和好感。这就是BBC，秉承着80年来公众对它的信任和依托。

● **以公共台的名义**

自建立始，BBC和它的领导人就深信自己肩负着像英国皇家艺术院、英格兰银行那样的机构的崇高使命，BBC的广播节目是用来教育而非娱乐英国人民。BBC对自己的要求标准很高，而且非常注重自己的责任。一种“天下为己任”的使命感，被BBC几代人所传承着。

1926年12月31日，英国政府委派克劳福德委员会管理BBC。该委员在出台的报告中宣称：“广播应当由公营公司运作以赢得公信力。”BBC的管理是由一个12人监管委员会负责，通过皇家宪章保障其独立性。监管委员会以公众利益代言人的身份管理BBC，委员会成员都是社会上有名望的人士，由英国首相提名，由英国女王委任，接受全体民众监督。监管委员会下辖执行委员会，由16个不同部门主管组成，负责BBC的日常运转工作，执行委员会主席为行政总裁并兼任总编辑。公营的性质使BBC有着与一般商业广播公司不同的资金来源和价值观。BBC的行为受皇家宪章的约束，皇家宪章规定了BBC的价值取向。第一版宪章自1927年1月1日生效，宪章审查每10年推出一次，以考察BBC为公众服务的情况并确定其将可享受的政策。

作为英国唯一由国家设立的广播机构，BBC由于在20世纪30～40年代、尤其是第二次世界大战期间的杰出报道，获得了几近不朽的声誉。在国家的危难时刻，人们守在收音机旁，倾听丘吉尔的演说与前线报道，它影响并包容了整个国家的情绪。

同一价值观贯穿了BBC的整个发展过程，在BBC工作的所有员工，都秉承着这样的准则：信任是BBC存在的基石，我们是独立和诚实的；不论我们做什么，一切为了受众都永远是我们的工作准则；我们为可以使经费花得值得而自豪；创造力是我们的生命；我们互相尊重，珍视彼此的不同和多样，这样我们都可以做到最好；我们是一个集体：当我们一起努力时，伟大的事情就会发生。

正是基于这样的理想和信念，BBC踏实而平稳地走过了80余年，为自己在英伦三岛乃至全世界奠定了公共台的典范。从第二次世界大战中稳定民心、保家卫国到齐心协力、重建家园，从客观公正的新闻到寓教于乐的文艺，BBC无不在认真履行着自己的使命。即使在2003年与政府因“凯利事件”而导致双方关系恶化时，BBC也未放弃自己的信念。

所以，如今BBC旗下每个频道的成功，多是因为BBC的光辉映照。甚至就连它名下的BBC交响乐团也珍惜其名誉，用高品质的演奏水准来阐释着BBC的价值。该乐团是当今英国乃至世界最优秀的乐团之一，被誉为英国的“王牌”交响乐团。当代最伟大的指挥大师托斯卡尼尼，晚年回顾他一生指挥过的众多交响乐团时曾说：“英国BBC交响乐团是全世界最好的交响乐团。”

这样的盛赞，既是对乐团的肯定，更是对BBC的尊敬。公众对BBC近80余年公信力的考证和积累，奠定了BBC不朽的历史地位。它俨然是英国甚至是欧洲声音的代言人，公众对它的信服完全来自其对公众的承诺和执行。

2. 管理体制 ①

在近20年间，BBC的改革主要经历了3个明显的阶段，基本上符合欧洲媒体发展的正常情况，欧洲媒体发展一般比较注重媒体的文化性与独立性，但媒体的商业化过程同样非常迅速，BBC面对这样的商业冲击和技术挑战，改革是势在必行的。

BBC改革的第一阶段为撒切尔夫人的双轨运营机制的完善阶段（1979～1990年）。撒切尔夫人本人基本恪守广播电视为公共利益服务的信条，在此一阶段，BBC基本上向分众化阶段发展。1982年，定位以少数受众喜爱的严肃、高雅的电视节目为主的BBC第四频道开播，反映了分众化的方向。另一方面，撒切尔夫人还鼓励商业电视机构的发展，商业电视需要大量的资金与技术，此时，英国商业电视台ITV在缺乏资金的情况下，开始改组公司的规模与效益，ITV的6家公司改组为3家公司，只有1／3的广告收入用于节目制作。BBC内部建立分众化模式的目的，是为了有效利用BBC的优势实力。

第二阶段是媒体法规范的调整（1990～1998年）。《1990年广播电视法》修正之后，英国独立广播局（IBA）被更加商业化的独立电视委员会（ITC）所代替，这个阶段的改革重心是，广播电视的权力由节目制作部门向公司的高层管理部门转移，在这个阶段里，英国媒体基本上接受了美国广播电视媒体改革的核心思想，即媒体的重心如果集中在管理阶层，将更有利于向商业化阶段转变，但问题的核心是，商业化并没有影响新闻制作的独立性。

第三阶段是数字化后的整体关系的重新调整过程。2000年12 月，英国政府发布了题为《通信的新未来》的通信白皮书。白皮书强调，在数字时代，政府有放松管制的必要性，同时，保护公共广播电视的发展对于英国政府有着特殊的意义。而且，白皮书在内容上同样放松了对商业电视网的限制，并赋予商业电视网自我发展的权利，这主要体现在商业电视网在新闻的采编上的变化。2001年12月，英国文化部长泰萨·周韦尔（Tessa Jowell）重申了对媒介所有权的规定：每一个电视频道的份额都不得超越15%，现在的广播电视规定将变得更加简单公平，同时现存的跨媒体规定不变，即任何一个媒体所有者在三种媒介市场不得拥有超过20%的受众，在两种媒介市场不得超过30%，但拥有报纸20%的市场份额就不能同时拥有无线电视或广播。

在此之前，工党对于未来媒体变革的提议，基本上反映了对日益融合的媒

① 参考吴非:《英国广播公司的尴尬角色》，中国广播网《2004广播发展论坛——世界广播发展动态》。

体产业进行统一管理的要求，这也反映了英国各党派面对一个强大媒体的焦急心态。20世纪初的10年间，英国政府再次出现如撒切尔夫人那样的铁娘子的可能性较小，政府所拥有的权力也小于撒切尔夫人时代，但英国却面临政治、经济与传媒进行重大转型的阶段，“弱势政府”与“强势媒体”是现今英国明显的矛盾。

在英国，只要购买了电视机，每年就要交纳100多英镑的收视费，成为BBC的用户，收看BBC所有平台的节目。每个用户都有一个唯一的号码，可以用这个号码在网上下载BBC的网络节目。目前，海外用户同样能享受BBC新媒体的服务。但是，海外网络服务的趋势是付费。到底是付费还是植入广告，BBC内部还在讨论。目前，英国政府已经作出对BBC的收视费延长10年的决定。可是，随着新媒体的发展，收视费能否依然长久地成为BBC在国内的唯一收入?

环境的改变，带来了BBC内部结构的变化。公司和外部的独立制作人合作制作内容的比例由过去占公司全部内容的11%上升到现在的25%。BBC目前正在裁员，节省下来的成本除了重新投资在拍摄和制作领域，也有一部分资金转移到了独立制作人一方。一些原来曾是BBC员工的人拥有了自己的制作公司，他们生产出节目，转而售卖给BBC。从而，雇员制就变成了合同项目制，效率提高了不少。这种合作方式也很受BBC欢迎。同时，BBC也在研究新技术带来的新生产模式，但与传统媒体相比，目前新媒体的影响力尚未形成气候。

3. 公共名义下的商业运作

面对新媒体大潮的冲击，身为公益性电视台，BBC如何吸引更多的受众，特别是求新求异的年轻观众? 新媒体出现之后，BBC的竞争对手越来越多。“我们的电视平台的确不是很能吸引年轻观众。现在最难抓的是15～20岁的那一群青少年，即高中和大学阶段的人群。”

现在BBC各部门的高级人员已经组成了一个新的创意部门，目的是不断地推动和提高团队内部的想象力和创造力，同时整合各部门资源，为各类渠道的节目提供成本预算。BBC把新媒体放在了与传统媒体同等重要的地位。现在BBC拥有7个平台作为节目输出的载体，新的项目在制作过程中，必须兼顾电视、VOD、手机电视、电台、杂志等各个平台。另外，BBC也会专门针对某个人群的需求制作网络节目。

虽然BBC没有商业压力，但政府可以以改变接收执照费来施压，同时还必须面对来自其他商业电视台的竞争。所以，近年来 BBC开始了多形态的商业运作，如出售曾经播出过的资讯节目和娱乐节目版权等。BBC2003年的收入就包括：26.59亿英镑的执照费收入；1.47亿英镑的BBC商业控股公司收入；2.237亿英镑

的BBC全球服务收入，其中主要是政府拨款（2.01亿）；还有1610万来自用户的订购费，以及660万来自其他的收入来源。

下面，以BBC在全球有名的纪录片和幼儿节目《天线宝宝》为例，来体味BBC是如何在全球范围内进行市场化操作的。

● **纪录片风行世界**

首先，在节目选题上，BBC依然秉承着高雅、严肃的风格。从历史题材到自然景观，从人文关怀到大千世界，题材大都展示了人类文明和自然奇观。有反映恐怖主义的《噩梦的力量》、反映英国历史的《大不列颠的历史》系列片、动物奇观《鸟的世界》、《与恐龙同行》，还有反映人类文明的《文明的轨迹》。在纪录片的选题和制作上，BBC一直有着非常优秀的创作理念和创作班底，生产的节目在世界范围内得到认可。

其次，在制作上，英国悠久的电视历史和深厚的人文功底，为纪录片的创作提供了良好基础。以BBC为主制作的纪录片，经常在世界范围内获得奖项。以《鸟的世界》为例，这部10集系列片向观众展示了世界上多种精彩绝伦的鸟类，并探索了它们多姿多彩的生活。该系列片制作历时3年。大卫·艾登堡环游世界，访问了从北极到南极的42个国家和地区，以揭示这些鸟类的隐秘生活。另一部力作《文明的轨迹》，则是BBC展开的电视史上最具雄心壮志的纪录片，由著名艺术历史学家克拉克爵士担任编剧与主持，探讨西欧文明的兴衰沉浮。该片历时两年才拍摄完毕，剧组跨越13个国家，走访100多个城市拍摄。当代艺术史大师克拉克爵士引人入胜的旁白，再加上欧洲地标的动人画面，带领我们探索自罗马帝国沦亡至工业革命及其后的发展。这种透过艺术、音乐呈现历史观点的做法，成为日后无数纪录片看齐并努力超越的基准。即使是较为严肃的历史人物纪录片，在表述方式上，BBC也独具匠心，BBC将一些电视剧部的工作人员调入历史部和科学部，使纪录片中增加了很多故事性元素。如与蒙古合拍的《成吉思汗》和纪录片《爱因斯坦》，《成吉思汗》是纪录片和电视剧的结合，《爱因斯坦》则是用真实再现的手法演绎主人公的一生。

BBC的纪录片以其精益求精的制作水准赢得了观众的认可，成熟的市场运营使得这些节目在世界市场上发行量很高。作为BBC在海外并没有单独的频道去播出这些节目，所以都是以出售节目给电视台或者销售给观众的方式实现海外发行。如今，BBC、Discovery以及NHK，成为世界顶尖的纪录片出品商，也是世界一流纪录片的标杆。

●《天线宝宝》(Teletubbies)的世界

很多外国的动漫产商，早就盯上了中国这个巨大市场，可真正敢于闯入并取得成功的却非常有限。作为不多的几个成功典范之一的英国广播公司BBC，也是著名的动画片制造商，其旗下的定位于2～4岁学龄前儿童的动画片——《天线宝宝》，于2004年登陆“央视”，取得了极高的收视率。在2002年时，这部动画片在美国的销售额就高达2亿。随即，《天线宝宝》开始游走到了中国各地的30多家电视台。代理《天线宝宝》中国电视发行的吴先生剖析了《天线宝宝》的制胜绝招：“国外的动画片往往有强大的技术支持，可爱的《天线宝宝》是由一个具有15年制作幼儿节目经验的公司来完成，此外还有300个资深幼儿专家提供技术支持。”

这部《天线宝宝》儿童电视系列片，是由BBC 及旗下专业儿童节目制作公司Ragdoll 精心制作的，而且是真人演出。该片于1997 年在英国开播至今，已经在113 个国家和地区的109 家电视台播放，并且已被翻译成44 种语言，融入《天线宝宝》的世界，已成为学龄前儿童的一种全球性现象。其衍生产品，如填充娃娃、故事书、VCD、音乐带、拼图、童装等在全球销售。据统计，在20世纪90年

《天线宝宝》剧照

代鼎盛时期，《天线宝宝》仅在北美和南美的许可营销额就达10亿美元。

2002年，《天线宝宝》通过中央电视台向全国播放，而负责“天线宝宝”品牌中国总代理的却是一家台湾公司。据中国台湾影音行销管理顾问有限公司总经理张若莹介绍，她在不到两年的时间里，已和大陆企业签下了26份合同，来自上海的食品、服装企业，来自浙江的母乳喂养品企业，都获得了“天线宝宝”的品牌授权。遗憾的是，目前活跃在中国内地操作授权业务的，绝大多数是来自我国港、澳、台地区的代理商，内地品牌总代理企业几乎为零。据世界权威市场调查公司调研，“天线宝宝”的品牌认知率在中国的目标群体中已达到70%以上，尤其在婴幼儿服装服饰市场深入人心，潜力巨大。

“天线宝宝”的成功在于，它开掘了一个被人忽略的市场，同时又比较成功地抓住了这一年龄段观众的主要心理特征。实际上，低幼儿童的动漫市场还是一片“蓝海”，从《米老鼠和唐老鸭》到《猫和老鼠》，再到国内的《蓝猫淘气3000问》等，事实上，没有一部片子是拍给低龄儿童看的。而几乎从一岁半开始，幼儿已经有了感受世界的能力，对事物已经有了自己的理解力和判断力，这个时期的幼儿其实也需要适合他们的动漫和各种娱乐产品。而BBC以敏锐的眼光抓住了这个商机，让“天线宝宝”为其挣足了小观众的眼球和钱袋。

二、点石成金的“金点子”

1. 创造“金点子”

过去的几年里，英国一直是全球最大的节目原创国，平均创新节目量达到1 0万个，若以小时计算，全球年均45%的节目创意来自英国。从选秀节目“流行偶像”（Pop Idol）到“百万富翁”（Who want to be a millionaire），从“智者为王”（Weakest Link）到“交换空间”（Exchange）……一个个耳目一新又席卷全球的节目，都出自这个小小的岛国。这些“金点子”从何而来？为何能如此集中地出自英国？

我们先来看一个熟悉的案例，以我国上海东方卫视的“舞林大会”为例。“舞林大会”的最早版本，实际上来自于2004年英国BBC电视台推出的“来跳舞”。该节目当时邀请了英国一些著名的主持人和演员参加，跟职业的舞蹈演员配对，然后由现场的评委评分，加上观众电话投票的权重，每周淘汰一对选手，最终决出胜负。最初，选手们表演的舞蹈分两种：国标和拉丁舞，后来也加入了曼波、探戈等新的舞蹈样式。“来跳舞”节目推出之后，广受欢迎，欧美其他国家也不甘落后，在获得BBC授权之后，纷纷在各自国家推出“本地版”。澳大利亚、比利时、丹麦、德国、美国、西班牙等国都出现类似节目，而且节目名多为“与星共舞”

一对参赛选手

“与星共舞”节目标志

（Dancing With Stars）。

“与星共舞”中最成功的版本要算美国。美国ABC电视台于2005年6月开始播出“与星共舞”。节目初期邀请了前拳王霍利菲尔德、名模芮秋·亨特、主持人约翰·奥赫利等6人参加。他们跟各自的专业舞蹈家配对，由舞蹈家对明星进行培训，然后每周二晚上8点黄金档播放比赛实况，第二天晚上宣布评比结果。观众可以通过互联网和电话进行投票。第一周的收视率就达到了1 300万，第二周则达到了1 500万，在整个2005年的夏季收视率中排名第一。①

那么，从创意出炉到节目推广的整个过程，是如何展开和运行的呢？英国之所以能保持全球最大的原创国的地位，与它行之有效的创意流程是密不可分的。

● **理念先行**

在英国，节目创意首要的理念是“the audience's insight”，即“观众的洞察力”。节目创新，必须切切实实地了解观众。英国的专业团队在节目创新之前，非常注重受众调查，对受众进行细分，甚至为此请专门的调查公司来做此类调研，了解他们的文化程度、喜好、家庭结构、收入、职业等等。只有在此基础上，才去展开“头脑风暴”。

● **创意方法**②

以篮球节目创新为例。

方法一：让创意团队的每个人想一个点子，内容是和篮球有关的东西，如球迷、拉拉队、球服、时尚等等。把这些点子写到黑板上，通过团队投票选出最有趣的三个点子，然后从这三个点子引申开来，设计相应的节目。比如从拉拉队这个点子出发，可以设计出全国性的“篮球宝贝选秀”活动等等。

① 参考新华网http://news.xinhuanet.com/newmedia/2006-11/17/content_5341747.htm。

② 参考何小兰：《一个国内电视人经历的英式节目创意》，http://yinleiii.spaces.live.com/blog/cns!A72CB7A4A75B23D6!223.entry。

方法二：无限联想，想出和“篮球”两个字无关，但极具观众吸引力的点子，如时尚、教育、音乐、生活等。然后，轮流让每个人完善这个最初的点子，主要是把它和篮球联系起来。比如，教育——篮球明星的成长——篮球明星谈自己的成长——篮球明星给家长的忠告，如何让孩子健康成长——如何培养明星……

方法三：水塘会议，也是被认为最有借鉴意义的一个方法。将创意团队分为两个阵营，红帽子和蓝帽子，当有一个稍微成熟点的创意产生时，红帽子肯定这个创意，并提出进一步完善这个创意的建议，而蓝帽子不管心里是否赞成，一定要否定这个创意，提出反对的理由并完善这个创意。一轮之后，红帽子和蓝帽子互换角色，继续探讨。

据介绍，BBC、SKY以及英国众多的节目策划公司每年的创新节目总量达10万个。有如此多的新创意诞生，随之而来的问题就是，如何推销这些新创意？在英国电视界，“1分钟卖创意”是非常流行的一个概念，如果你的创意在1分钟里打动不了买家，那么这个创意就是鸡肋。

- **创意团队**

在英国，节目的创新氛围很好，“点子”几乎是创意团队的全部谋生手段。他们开展节目创意的时候，团队的每个成员都是平等的，没有位置高低。如果没有好的点子，卖不出节目创意，就没有饭吃。反之，卖出了一个好的点子，他们就有很多的盈利，甚至可以靠不断收取模式版权费用而盈利很长一段时间。这种“点子压力”在中国的电视人身上还没有——节目做砸了，损失的也不是个人的钱；收视率不高，顶多再想一个节目，重起炉灶再开始，观众喜不喜欢、节目的命运如何，这些几乎都影响不了电视人“有没有饭吃”。而且，模式版权在中国的保护也不是很成熟。

英国的节目创意主体是团队，在这一点上，中国的电视台也有策划会，但大多是以制片人为主导，很少用各种法则与工具，对一个点子进行补充和完善。另外，国内的各电视机构虽然大多有节目研究部门，却鲜有节目创新和创意部门，各节目团队更不会花很多时间进行深入讨论和深化。国内的节目创新，往往是以电视人自己的喜好来决定节目的品位和走向。另外，英国的专业团队在节目创新过程中，团队的老板很少会轻易否定一个点子，即使是水塘会议，也一定是在持反对意见的基础上说出完善的建议。

通过这种方式磨砺出来的点子，一般都是可以经得起市场考验的创意了。

2. 撒播“金点子”

有了可以卖钱的“金点子”，如何让它生财，英国也在历练中摸索出了经验。

● **撒播方式**①

在出售节目模式方面，大体有这样几种方式：购买版权式的紧密合作、购买品牌式的松散结盟，或直接吸纳多种元素、打造自身原创品牌。

“央视”的名牌节目“幸运52”最初就采取了购买英国原节目版权、与外方紧密合作的形式。该模式引进时，花费400多万人民币购买了英国“GO BINGO”的版权。“央视”最初与英方谈判的结果是：版权买断归“央视”，“央视”可以对节目模式进行本土化改造。事实上，“GO BINGO”在英国是一档博彩节目——在电视上抽大奖，而在我国是不允许设大奖的。为了适应中国国情，“央视”做了相当大的创新，将之改为益智类的综艺节目，比如请观众猜商标，猜价格，奖励都很小，这些都是“GO BINGO”原来没有的。虽然，双方经历了一年的合作之后终止了合同，但这种引进模式给“央视”一个很好的启示。

英国原创节目模式为何如此值钱？成熟节目的商业运作模式是一套复杂的程序，甚至是一套控制流程体系，这包括节目的节奏、灯光、音响等多种条件设置。比如“GO BINGO”的模式，辗转了二三十个国家，付出了经验的成本，从而积累了一套市场运作程序。而“百万富翁”更是在全球摸爬滚打出来的一个“全球化”节目，从舞台布置到主持人出场，每个细节都有严格规定。而这些成熟的节目模型，拿过来一般也是屡试不爽。

购买版权以明确了解其具体的运作细则和规程是必要的。当然，进行本土化再度创新是更高阶段的要求。东方卫视在引入“与星共舞”的过程中体验颇深，“与星共舞”的宝典有1000多页，BBC派人过来监制，但在进入的过程中，双方也进行沟通，必要时采用本土化改造。而本土化的改造，也不能脱离节目的基本风格，BBC就认为日本将“与星共舞”改得太过搞笑，他们认为这个节目是优雅、华丽的，而不是滑稽、低俗的。

● **金色收获**

2006年以来，英国电视节目出口营业额增长了20%。英国成功出口的电视节目有“神秘博士”，而娱乐性节目如“与星共舞”更是创下了电视节目出口额的新高。2006年，英国电视节目出口税收已经增长到了5.93亿英镑。其中，这些税收的1/4来自于娱乐性节目。与2005年相比，纯粹的电视节目出口营业额从2.42亿英镑增长到2006年的2.94亿英镑，增幅为21%。②

英国电视节目出口营业额在欧洲市场上占据33%的份额，达1.25亿英镑，在北美市场上的出口营业额是0.77亿英镑。但是，如果把相关的其他出口行为如DVD以及联合制作的电视节目计算在内的话，这个数字大约在1.63亿英镑左右。

① 参考中华传媒网：《“舞林大会”卷入侵权纷争 综艺节目版权危机》。

② 参考英国驻广州总领事馆新闻及公共事务处资料：http://www.tigtag.com/overseas/charm/50944.shtml。

对于整个北美市场来说，出口营业总额上升了0.54亿英镑，达到2.40亿英镑。对欧出口营业额增幅最大的国家和地区，是斯堪的纳维亚，涨幅达到42%以上，以及东欧，涨幅高达54%。

据太平洋商业网络有限公司PACT的资料显示，像“美国偶像”和“谁想成为百万富翁”这类游戏竞赛节目和录音节目，是导致英国电视节目出口营业额创下佳绩的重要原因。在海外获得巨大成功的电视节目，还有Ramsey执导的《厨房的噩梦》、《绵羊肖恩》、《交换夫妻》以及《杀机四伏》等。

1998年，当“谁想成为百万富翁”的节目在英国ITV电视台问世后，立即在英国本土取得了巨大成功。随后，该节目陆续在美国、荷兰、日本、澳大利亚等国家推出。到了2004年初，使用“谁想成为百万富翁”节目样式的国家已达到108个。BBC于2000年推出的“智者为王”，又成为世界娱乐大亨们的抢手货。在一年的时间里，成功登陆65个国家，创造了超强的收视佳绩。在创作该节目时，考虑到了如下因素：独特、刺激、强烈的悬念色彩和人性化的因素，它使参赛者的知识库藏和冒险精神得到了物化的承认。它不是赌博，而是勇敢者的探险；它不仅是娱乐，更是具有“情节性”从而能表现人物性格的纪实片。观众在观看此类节目的时候，不光看到了挑战，还看到了参赛者的性格、命运、人情和人性。

一组组数据已然鲜明地展现出如下事实：英国靠着卖“点子”，在世界电视节目市场上取得了卓越的成绩。在许多国家的屏幕上，都活跃着英国的创意。

第三节 小结与启示

英国创建品牌的思路，有其自身的重要特点，那就是：成熟的市场经济制度、系统思维和鼓励创新。市场经济的萌芽，曾以十分激进的方式出现于英国。英国社会浓重的商业和法治传统，使得英国品牌具有与生俱来的自由市场经济的味道。历史上英国就是一个重商国家，其在专利制度、商标和品牌保护等方面积累了丰富的经验。

一、从文化、价值、生活方式等多方面构建和经营品牌

它们有很强势的价值取向；它们有鲜明的形象；它们都拥有非常独特的品牌个性、气质和识别体系；它们都是通过整合营销和沟通的手段来进行传播的。

二、通过多元流通来拓展媒介品牌产品的商业意义

这是广播电视品牌经营者决不愿舍弃的一环，几乎所有大的媒体都有其品牌纪念品的市场，利润可想而知。

三、立法保护

英国电视节目出口业成功的另一个原因，是英国2003年颁布的相关法律将电视节目的知识产权授予节目制作方，而不是作为节目受理方的广播公司。

思考题

1. 英国实行的是何种广播电视体制？这种体制是如何建立的？
2. BBC是怎样维持着80多年的公信力的？又是如何在公信力的影响下进行商业化运作的？
3. 作为世界创意之都的英国，是如何不断地创造出“金点子”的？
4. 结合具体实例，说明英国的节目创意是如何在全球行销的？
5. 联系中国电视节目的实际情况，分析中国电视节目如何摆脱“千台一面”、“创意匮乏”的困境？

第三章

风格独特的欧陆

——法、德、意电视业

第三章　风格独特的欧陆——法、德、意电视业

历史悠久的欧洲承载了太多的人类文明，联合国教科文组织所认定的世界文化遗产、遗址中，近一半分布在欧洲。从希腊到意大利，从法国到瑞士，从丹麦到挪威……一个个中世纪城堡、一座座哥特式教堂、孤独的隐居处所、庞大的史前巨石、国家公园、古老的河流，无论是人文奇观还是自然景观，无不彰显着欧洲文化的深厚底蕴。

如此古典、丰富的文化，不可能不给各国的媒体打上鲜明的印记。在拥有44个国家和地区的欧洲版图上选择出有代表性的媒体并非容易，从洋溢地中海风情的南欧到冰雪覆盖的北欧，从极具民族自尊的法兰西到体育至上的德国，虽然共为欧洲联盟，虽然大部分国家都实行公私并存的双轨制，但每一个国家又因其特有的文化而使本国媒体各显特色。从国际影响力和地理位置等因素考虑，本章选取了法国、德国和意大利的广电产业，作为体现欧洲风格的代表。这三个国家的历史、人文以及经济科技水平、社会发展路径各不相同，在广电产业的发展思路上也各有特点。

第一节　引领时尚的法兰西

一、法国广电业概说

法国广播的试验工作开展得较早，1903年李·弗雷斯特（L.Forest）就在巴黎埃菲尔铁塔上设立了试验广播电台。第一次世界大战期间，曾较为广泛地使用了无线电广播。1922年2月，发射装置架设在铁塔上的国营广播电台——巴黎邮电电讯台（Paris PTT）正式播音，此为法国广播业的开端。随后巴黎和外省出现一

批民营广播电台，最早的民营电台是拉迪奥拉台（Radiola）。第二次世界大战前，法国的广播是民营和国营并存。电视试验开始于1935年，1938年正式开播，第二次世界大战期间中断播出。1945年法国成立了法国广播电视局（RTF），直接管理广播电视，取消了民营广播电台。这样的国营广播电视体制一直持续到1964年。

1964年议会通过法令，成立法国广播电视公司（ORTF）以替代RTF，该公司按照公营企业模式运作。1984年建立了统管各公营电视台的法国公共电视公司。1982年，法国政府允许民营广播电台存在，1985年1月开放了商业电视台。1985年5月14日，法国文化部长在电视上宣布对法国电视一台进行私营化改革。1986年9月，法国议会通过了《传播自由法》，该法的第四篇名为《有关作为全国性节目公司“法国电视一台”产权转让的规定》，允许私人设立商业性广播电视台。这种在法律中以专章规定对某一广播电视机构进行私有化改革的做法，在欧洲乃至世界范围内的广播电视立法中亦不多见，足见当时法国将商业机制引入广播电视领域的决心之大。此后，法国电视一台遂于1987年转归由法国建筑业巨头弗朗西斯·布伊格（1993年逝世）与英国的罗伯特·麦克斯韦共同组成的财团经营。法国电视二台与法国电视三台（1992年1月之前为法国地方电视台）则共同承担起全国性公共电视网的业务，一般合称为法国电视2/3台。这种状况一直持续至今。这样，法国就逐渐形成了公营和民营并行的广播电视体制。

法国商业电视机构主要有3家，即法国电视一台、新频道电视台和法国电视六台，商业广播电台主要有12家。这些机构的收入来源基本为广告。在本国民族文化的保护问题上，法国显得更为主动和积极，它主要通过对市场准入方式和播出内容两方面的法律规定，限制外国文化的进入。在市场准入方式上，法国《传播自由法》第40条明确规定：“任何外籍人士都不得采取手段直接或间接地获得超过允许外国人在持有微波法语广播电视传送许可证的公司资本或股民大会投票权20%的份额。”换言之，首先，不是所有的电视台都允许外国资本进入；其次，即使外国资本可以进入的部分法国电视台，其所占份额亦不得超过20%。在播出内容方面，按照法国视听最高委员会1995年的规定，无论是公共电视台法国电视2/3台，还是商业电视台法国电视一台、法国电视六台，国外的节目比例都不能超过40%。与此同时，法国还支持欧洲联盟将欧洲新闻频道设在该国的里昂市，以表明其对保护欧洲文化的坚定决心。

同时，法国为了拓展在世界的影响力，利用浓郁的时尚风情开创了世界第一个时尚频道，既缘于对法兰西民族文化的弘扬，也打造出了曾经与美国在线－时代华纳抗衡、总资产居世界第二的维旺迪环球集团，虽然有成功也有失败，但毕竟以其独特的民族风格展现了特殊的魅力。

Fashion TV的台标

二、成功典范——以时尚频道独创先机

法国，这个积聚万千风情的国度，就连最冰冷的钢筋铁骨都透着智慧和时尚。特色的建筑、创意超前的汽车、华丽多彩的服饰……时尚最前沿的灵感在此交融，无数享誉全球的顶级品牌诞生于此，法国成为时尚和风情的代名词。难怪，徐志摩曾感叹，到过巴黎的人一定不会再稀罕天堂。法国享誉全球的时尚频道，正是在此风土中产生的“宁馨儿”。

法国时尚频道FTV(Fashion TV)出道并不早，1997年才由Michel Adam创办，如今刚好10个年头。在频道专业化的市场越来越成熟的时代，继新闻、历史和体育等专业频道开播之后，时尚频道才粉墨登场，但它一开播，就吸引了观众的眼球。像MTV全年无休地播放音乐、在屏幕上展现其各色音乐偶像一样，FTV电视台不间歇地播报时尚潮流节目。T台秀、模特、时装设计等全天24小时占据电视屏幕，向全球散布时尚之都巴黎的最新消息。在屏幕上，美丽的模特是这个电视台的主角，观众的目光追随着华贵多样的衣饰；欣赏着离自己精彩而遥远的梦幻。观众足不出户，既能收看到高级的时装表演和派对盛宴，藉顶尖摄影师的引领而一窥后台全貌，也能透过FTV独家的原创和特色节目，近距离认识超级模特儿和时尚界的其他知名人士。

FTV仰仗着巴黎得天独厚的“世界时尚之都”的美誉，摄像机镜头每时每刻聚焦于世界美丽的焦点，一刻不停地传递着时尚信息。在人们的印象中，收看FTV的观众大部分应该是年轻女性。可成立一年后的收视率调查结果，却让很多人大跌眼镜：FTV的观众群中，70%的人年龄在15～49岁之间，观众群的年龄很接近音乐电视MTV，但收入和教育背景则与CNN的观众近似；另一个让人惊讶的情况是，在FTV的主要观众中，男性的比例要高于女性。在传统上，男

性观众并不像女性观众一样喜欢看付费电视，他们往往通过杂志而不是电视获得所需的穿衣技巧。而FTV颠覆了这一传统，进而于1998年9月开播了第二个24小时连续播放的频道“F.Homme.”，其内容聚焦于男性时尚。

从中可以看出，FTV的观众以收入较高、教育程度较高、消费能力强的中青年为主。这样的消费群体也是商家的宠儿，所以在FTV的广告合作伙伴名单里就不缺世界顶尖品牌。而且，FTV自开播以来在全球范围内的落地，也使得它备受国际品牌的青睐。从1997年开播至今，它通过有线网络和卫星信号传送至全球202个国家和地区，拥有近3亿观众。

在模特工业和时装工业中，FTV创造了一套独特的商业模式。除传统的电视节目以外，FTV还开拓了许多非常赚钱的“副业”以加深对时尚界的切实影响力。2003年，FTV首次举行了模特大赛，旨在为巴黎、米兰和纽约等国际时装中心选拔和提供专业性强的超级模特。在社会时尚领域，其名下的f-shop网上商店可提供FTV放映过的各种商品，包括香水、化妆品、太阳镜、巧克力、鲜花和衣服。2007年2月，FTV在俄罗斯圣彼得堡以特许经营的方式开设了一家占地350平方米的时尚俱乐部。这个转轨国家连续6年的高速增长，造就了17个亿万富翁，仅次于美国、德国和日本，代表着与全球时尚同步的FTV特许俱乐部，在俄国还是第一家。这样一来，这种由FTV自行设计、出口处不停播放其近期节目的特许俱乐部在全球的数目已达到12家。

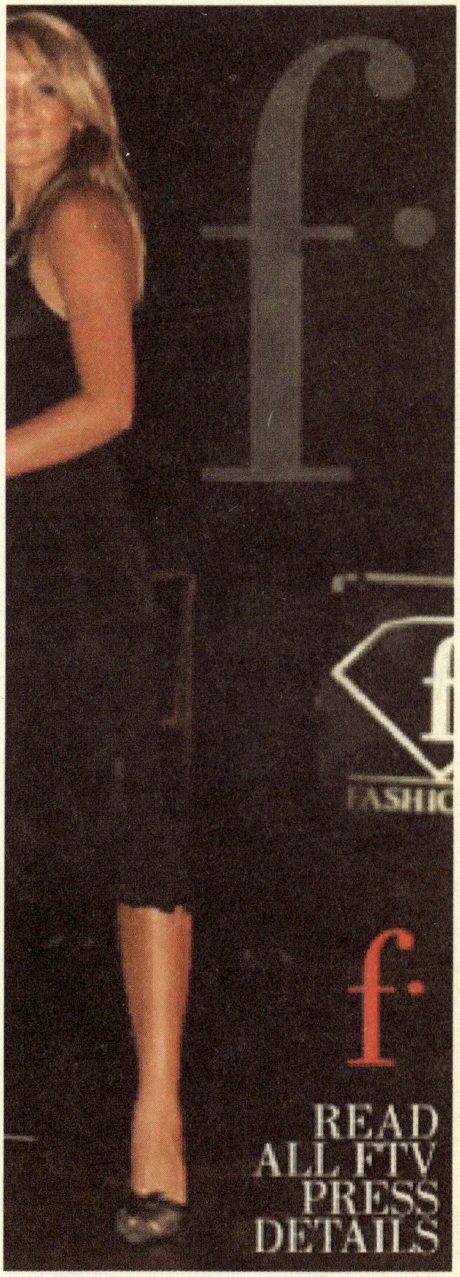

FTV广泛发掘时尚元素。除了服饰和首饰之外，他们也没忽视音乐的魅力，把节目的背景音乐作为更宽泛意义上的时尚切入点。每一季推出的系列专辑“FTV精选”，收录欧洲当红各大DJ与电子音乐人为FTV节目所配的乐曲。FTV曾联袂英国最当红的DJ 彼得·唐(Pete Tong)推出“Fashion TV Pres：Pete Tong”专辑，并引爆其全球巡回演出。2007年

3月，在戛纳举行的国际电视节目交易会上，FTV又创下了一个新纪录：让电视观众能够通过手机屏幕观赏模特表演。通过沃达丰和Orange等电信运营商们的努力，英国和法国的手机用户从2006年秋天开始便以这种新方式追逐时尚；目前，在亚洲和欧洲，FTV正在同大约20家移动运营商探讨该项业务的合作。

2007年是FTV的10周岁生日，FTV当然不会放过这个绝好的庆祝机会和难得商机。由FTV的创办人兼行政总裁Michel Adam先生拥有的、长达140米的豪华邮轮——F.Diamond号开启了世界巡航之旅。F.Diamond从西班牙到摩纳哥，从法国到意大利，从新加坡到香港……每到一处都会在船上举办派对活动，获邀出席的人士包括顶尖模特儿、设计师、演艺名人、音乐家和商界大亨，场面宏大。船上有酒廊、夜总会和户外泳池，还有150间高等客舱供休息之用。而备受亿万观众追看的"FTV模特儿巡回大赛"也是F.Diamond号世界巡航之旅的焦点项目之一，50位国际著名模特随船参赛，其间还有到访地的模特儿参与，共同角逐"FTV世界之旅冠军模特儿"的殊荣，而这所有的一切活动都会在FTV电视台播放。这样边游边赛边播的方式，让FTV既赚足了美名，也赚满了腰包。

FTV从创立到现在，以特色的节目、成功的市场推广、衍生产品的开发，已经成长为全球瞩目、令人向往的世界品牌。无数事实证明，FTV从模特的猫步出发时，就选准了在电视业行走的T台，今天的FTV已然不仅引领了世界时尚的潮流，而且开创了电视奇迹。

三、失败镜鉴——维旺迪的穷途末路[1]

一般人都不会把"自来水"和"媒体"联系到一起，可法国就有这么一家公司，从一家自来水厂发展为欧洲首屈一指的传媒巨头，世界最大的跨国媒体集团之一，它就是维旺迪环球公司。很少有哪个产业达到像传媒产业那样惊人的聚合程度。在短时间内，全球传媒市场的控制权便掌握在了7家跨国公司的手中，它们是：迪斯尼(Disney)、美国在线－时代华纳(AOL–Time Warner)、索尼(Sony)、新闻集团（News Corporation）、维亚康姆(Viacom)、维旺迪（Vivendi）和贝塔斯曼(Bertelsmann)。维旺迪，这个法国公司在20世纪末以绝对雄厚的实力分割了世界传媒市场。

在1998年以前，根本不会有人把维旺迪公司与传媒业联系在一起。维旺迪环球公司（Vivendi–Universal Corporation）最初的名字是Compannie Generale des Eaux(CGE)，始建于1853年。公司的主要业务是工程与建筑施工、能源、垃圾处理、交通服务、水处理设备等，通俗地讲就是"自来水公司"。为什么一家

① 本部分参考了唐润华主编：《解密国际传媒集团》，南方日报出版社，2003年。

原本专营供水和垃圾处理的法国公司，只用了两年的时间就能把一家自来水厂发展为欧洲首屈一指的传媒巨头？这一转型的关键人物是让・马里・梅西尔（Jean-Marie Messier）。

● **成也萧何——梅西尔之于维旺迪**

1996年，38岁的梅西尔被任命为该公司首席执行官（CEO），他立志要把维旺迪建成世界上最大的跨国跨媒体集团之一。梅西尔认为："对于21世纪而言，传媒比水更值得一赌！""这是一个一辈子只能有一次的机会。"他认定影视传媒能赚钱，并希望实现法国部分控制好莱坞的梦想。缘于这个理念，他首先对公司进行私有化改革，把公司变成控股集团，然后调整发展战略，在继续保持公司在供水和环保方面的传统优势外，同时进军电信、网络、娱乐、传媒产业。

传媒业对于一家从事水务和环保的公司来说，完全是一个全新的领域，因此，梅西尔选择了兼并与收购这条"捷径"。公司并购是一种通过转移公司所有权或控制权的方式实现资本扩张和业务发展的手段，是企业资本运营的重要方式。长期以来，并购一直是西方企业实现扩张与发展的一个主要手段。从1996年开始，梅西尔领导下的维旺迪便开始了一系列大手笔的融资计划，首先在国内买进了一些出版社、音乐公司、通信公司和著名的有线电视公司Canal Plus，然后迅速向国外扩张。

2000年1月，维旺迪与世界上最大的移动电话集团沃达丰宣布达成一项合资协议，旨在建立一个覆盖所有媒体、覆盖人们各种需求的网络，从而成为欧洲最大的网络企业。这一协议的结果就是Vizzavi网站的建设，使欧洲人能够通过电视、个人电脑、移动和固定电话以及个人资料查询系统快速登陆互联网。这个项目鲜明地体现了整合传统媒体、互联网和电信的意识。

2000年6月，维旺迪以340亿美元收购了加拿大西格拉姆公司及其环球电影和宝丽金音乐部门。

2001年，用106亿美元收购美国网络(USA Networks)的影视资产，使得维旺迪的渠道获得了强大的内容支持。

2001年2月，维旺迪环球宣布与索尼组建互联网公司，为其音乐寻找到网上的发行渠道。同年5月，维旺迪环球以22亿美元的价格收购了美国出版公司霍顿一米夫林公司，后来又以3.72亿美元收购了网上音乐服务商mp3.com公司。

另外，还用15亿美元收购当时美国第二大卫星电视公司EchoStar10％的资产，以便在未来8年间，将其电影、音乐和电视节目带给EchoStar拥有的600万卫星电视用户等。至此，在短短几年内，维旺迪环球公司在传媒领域攻城略地，从一家拥有百多年历史的法国水务公司变成了拥有电视、出版、影视制作以及互联网、移动通信产业的欧洲第一、世界第二的传媒帝国，维旺迪的高速扩张使它的规模仅次于美国在线－时代华纳集团。维旺迪初期扩张的成功，甚至被法国媒体认为是一种法国文化对美国的侵入和胜利。推动、领导扩张兼并的梅西尔甚至因此获得了法国的最高荣誉——荣誉军团骑士勋章，并被法国《新观察》评为2001年最有实力的人物。

● **败也萧何——梅西尔之于维旺迪**

然而，美丽的泡沫最终不能维持空虚的本体。两年多缺乏足够市场调研的“大跃进”式的扩张，超越了维旺迪自身的控制能力，打乱了其发展节奏。另外，由于维旺迪扩张资金多是通过贷款获得，快速扩张使得它的资金链越拉越长，现金流被大量挤占，还本利息压力剧增。同时，机构臃肿造成维旺迪运营成本大幅增加，每月需要为集团众多管理者支付数亿美元的工资。维旺迪出现了入不敷出、资金链断裂等问题。

“成也萧何，败也萧何。”梅西尔的“个人英雄主义”作风也给维旺迪带来了灾难。梅西尔对时尚情有独钟，而他对时尚的过分追求，导致维旺迪的起家之业——水务只在维旺迪环保公司里保留，而维旺迪也将其在环保的股份降低至20.4%。他以高于市场价格收购了美国网络，许多引领时尚的明星成为维旺迪的签约员工。梅西尔看中某个公司，就一定会拿下，不管价格有多高。维旺迪因而债台高筑。

2002年7月，维旺迪又被媒体怀疑虚报假账，国际评级机构穆迪公司降低其信用等级，维旺迪雪上加霜，遭遇“金融危机”：因涉及假账及巨额债务，7月2日，维旺迪股票在巴黎证交所被大量抛售，3天内市值缩水1/3。7月3日，梅西尔被迫辞职。

● **完成瘦身，起死回生**

濒临崩溃的维旺迪陷入债务庞大、市值缩水、现金短缺、信用下降的“四面楚歌”的危机之中。到2002年6月，其按照法国GAAP规则统计的负债约为350亿欧元。

为了拯救公司，维旺迪董事会重组了管理层，让－雷恩·佛尔多（Jean-Rene Fourtou）担任董事长和首席执行官。其首要任务就是，设法筹集到足够的短期资金，以解决公司严重的债务问题。

维旺迪的新管理层开始了大刀阔斧的改革：将媒体与环境业务剥离，成立维旺迪环境(后更名为Veolia环境)和维旺迪环球两个独立公司；抛售或减持所有亏损业务，以低于市值价出售了Houghton等出版社、Canal+科技、Seagram艺术、mp3网站以及一些电信部门；整合集团内部所有内容和渠道，给消费者一个无缝接入平台。通过“瘦身”，资产的出售为维旺迪环球注入了现金，但还不足以解决全部的现金问题。

同时，公司大幅度削减现金消耗，主要是压缩了互联网的业务以及高标准的公司一般费用开支。另外，公司不顾一切地寻求融资渠道。2002年9月，公司从11家银行集团获得了额外的30亿欧元的信贷额度，这笔信贷额度暂缓了维旺迪的危机。

下一步，维旺迪一改过去盲目扩张的路子，去除边缘产业，确立核心业务。本着这样的理念，维旺迪陆续采取了以下的措施：退出互联网领域，退出了Vizzavi网站的建设；退出出版领域；维持电影和电视业务运营——影视业务是维持维旺迪环球的重要基础；重组欧洲电视业务，对Cananl+集团进行拆分；拓展电信业务；继续保持和拓展环境业务。

公司管理层对公司的前景充满了信心。在发布业绩报告的同时，维旺迪现任董事长佛尔多指出：“我的首要目标是通过三个方面，为股东创造尽可能多的价值。第一，削减债务；第二，提高业务的利润率；第三，为维旺迪环球确定一个长期的战略。”“这个公司有非常强大的国际资产……我相信我们会成功！”

维旺迪环球由一个主要经营环保、水务的公司变成世界上第二大传媒集团再走上衰败的过程仅仅两年，其崛起之时相当辉煌，其衰败之势也令人扼腕。要在惨败的基础上保有并拓展自己的核心资产，重建投资者信心，道路非常漫长。它何去何从，发展之势尚无定论，但其崛起和衰落的短暂历程，对于任何有志于传媒领域扩张的公司而言，都有着重要的启迪和借鉴意义。

第二节　足球与电视联姻的德意志

位于欧洲中部的德国，这块诞生出世界顶尖艺术家、文学家、思想家的土壤，以其坚强、刚毅的日耳曼风格，屹立于欧洲各国之林。和以巴洛克为代表、细腻得近乎矫情的南欧艺术风格相比，日耳曼民族的审美观更多地融合了力量的成分，从高耸入云的哥特式教堂到狂飙突进的文学作品，无不体现着质朴的粗犷。这种质朴也体现在慕尼黑的啤酒、形态各异的烤肠和酣畅淋漓的足球上。

德国的足球俱乐部和其他体育组织对于体育产业的开发和运营，开展较早，走在了世界前列。其中一个重要的渠道，就是通过出售电视转播权取得商业利益，从而达到体育组织和媒体组织双赢的局面。这里，简单回顾一下国际电视转播赛事的历史：

营销转播权的历史脉络

1936年，纳粹时期把电视转播技术应用于柏林奥运会，这标志着电视转播技术在体育界应用的开始；

1948年，BBC为拍摄伦敦奥运会而付费，标志着销售电视转播权进入萌芽阶段；

1958年，在《奥林匹克宪章》里明确规定了销售转播权的权力归属；

1968年，墨西哥奥运会组委会获得400万美元的电视转播收入；

1972年，从这一年的慕尼黑奥运会开始，国际奥运会更加明确了电视转播权的商业价值，真正主动参与了销售电视转播权费用的分成；

1980年，萨马兰奇上任后又进行了一系列大胆改革，进一步统一了对“商业化”的思想认识，给后来尤伯罗思的商业运作创造了条件；

1984年，洛杉矶奥运会组委会在尤伯罗思的杰出领导下，开创了商业经营奥运会的先例，其中，电视转播权的销售收入也呈现几何级数增长，收入竟高达3.6亿美元；

1988年，汉城奥运会举办，国际奥委会开始逐步掌握了销售电视转播权的主动权；

……

在国际奥委会的影响下，各国际单项联合会、各国家体育组织纷纷踊跃销售转播权，在极大地改善了各体育组织的财政状况的同时，也探索出了营销赛事电视转播权的不同模式。具体模式有：与电视台合作经营模式、直接销售给电视台模式、中介机构代理销售模式、体育组织联合销售模式、电视台联合经营模式等。在这些模式中，德国以成熟的中介机构代理模式而备受瞩目，同时，德国电视台在转播方面的技术水准也堪称一流。这里，对德国广电业的发展先略加介绍。

一、德国广电业概说

从1903年起，德国开始建港口电台。1923年10月，第一家广播电台——德意志广播电台在柏林开播，创办人是以私营企业主身份进入政府部门主管广播事务的布莱多（H.Bredow），因而该台为公私合营性质。当时，德国在各州设立了9

家广播电台，由州广播协会管理，公私合营，政府邮电部在每家电台拥有17%的股份，州拥有34%，社会私人股份为49%。由于报纸在新闻方面的抵制，广播电台发展缓慢，以音乐和其他娱乐节目为主。1929年政府开办对海外领地的广播电台。

纳粹党执政时期，非常重视电波宣传战，因而广播事业十分发达，1941年时仅设在本土的对外短波电台就有88座。对内的广播强迫人民按时集体收听，并设计了廉价的只能收听到国内广播的“人民的收音机”。1935年3月，实验播出电视节目，1936年曾数小时转播柏林奥运会。1938年德国电视台正式开播，随后建立了全国电视网和电视机生产线。第二次世界大战爆发后电视台毁于战火。1943年，德国在巴黎建立过电视台。第二次世界大战结束后，联邦德国、民主德国分别形成了不同的新闻传播体制。民主德国按照苏联模式，采用的是国营体制，而联邦德国经过多年的调整，建立了公营和民营并存的双轨体制。

1990年德国统一，原东西德新闻传播业也需要在体制上统一，实际结果是，原民主德国的新闻媒体，纷纷被原联邦德国的媒介集团收购。原民主德国的国家广播电台和电视台逐渐转变为州或州际的公营广播公司所有。现在，德国民营广播电台有约180家，其中较大的是萨克森FNN台、RSH台、巴伐利亚天线台。电视台中，公营的、全国性的为电视一台（ARD）和电视二台（ZDF）。民营电视台有50多家，全国性的有10家，较大的是设在科隆的卢森堡电视台新频道（RTL Plus）和基尔希集团（Kirch）。①

二、靠代理起家的基尔希集团

德国的传媒巨头基尔希集团，其重要的业务收入就来自对体育赛事的转播权的代理经营。它的起步、发展、辉煌、没落和重生都与此有关，它的每一步都是那么耐人寻味，而又引人深思。

20世纪50年代，一个叫列奥·基尔希（Leo Kirch）的德国年轻人，一个身无分文的大学毕业生，用58 000元的借款争取到美国电影《大路》在德国的代理权。凭着向当地影院出租这部一炮而红的电影，他淘到了创业生涯中的“第一桶金”。从此，基尔希频繁去美国好莱坞跟片商谈价钱，生意做到几百万美元，开始了传媒业的闯荡。从20世纪60年代到80年代，基尔希不断地“倒买倒卖”，把美国电影和电视节目引入德国荧屏；80年代和90年代，他又开始进军电视媒体和平面媒体。

奋斗40载后，基尔希终成大业。该集团成为世界最大的传媒集团之一，也成

① 参考陈力丹:《世界新闻传播史》德国部分，上海交通大学出版社，2002年。

为德国除贝塔斯曼之外的第二家国际传媒公司。集团下属的核心公司——基尔希媒体拥有德国第二和第三大私立电视台 SAT1和Pro7、体育电视台DSF和新闻电视台N24。集团员工总数约1万人，拥有11 000多个电影版权和长达40 000多小时的电视连续剧版权。

90年代，以基尔希为首的私营电视台开始出人意料地挑战公众电视台，高价买走了历来属于德国一台和二台的德甲转播权。在随后的几年中，私营电视台陆续买走欧洲冠军联赛、欧洲联盟杯和F1赛车等重大体育赛事的转播权，以令人难以拒绝的超高薪一个接一个地挖走公众电视台著名的体育节目主持人。

随着控制世界杯电视转播权长达15年的ISL公司破产，德国传媒巨头基尔希集团成为世界杯电视转播的新“霸主”。它以大约17亿欧元的高价买断了2002年和2006年世界杯足球赛的转播权，进行代理然后再卖给其他电视台。面对2006年在本土举行的世界杯赛，基尔希集团为了获得尽可能高的经济利益，打算把世界杯的电视版权卖给私营的RTL电视台或其他的付费电视台。基尔希集团的举动当时在德国引起极大反响，迫于政治家和公众的双重压力，基尔希集团最后很不情愿地将该届世界杯的全部64场转播权卖给了RTL和德国二台。

虽然少赚一笔，但基尔希集团在其他赛事上的转播权的代理依然处于垄断地位。他们基本垄断了德国足球甲级和乙级联赛的电视转播权，还以15亿美元的价格取得一级方程式赛车的转播权。其大股东也都是声名显赫的媒介公司，如意大利总理名下的贝卢斯科尼媒体公司、雷韦零售集团和陶鲁斯控股公司等。

但到20世纪末，基尔希过于乐观地对付费电视大笔投资，导致了资金的占用过多，而收益惨淡，使盈利大幅度减少。雪上加霜的是，基尔希开始为他高额购买影片和体育赛事转播权付出代价。这些项目投资中，既有购买世界杯全球转播权的20亿美元，也有购买方程式赛车的15亿美元等。 虽然转播权曾经为基尔希带来了丰厚的收入，但如今高价的转播权，像个“烫手的山芋”，让他甩也甩不掉。面对着巨额赤字和数亿欧元的银行贷款，基尔希走向了穷途末路，同时，德国财政界又不愿意看到国外媒体收购基尔希，2002年4月8日，基尔希集团正式申请破产。一辆笨重、巨大的德国战车终于停止了进发。

但百足之虫，死而不僵，基尔希为了继续对体育赛事转播进行代理，在瑞士成立了“基尔希体育”公司，完全独立于慕尼黑总部的基尔希传媒集团，专门负责处理世界杯转播权的相关事宜。因为赛事不能由于某一个集团公司的倒闭而取消，也不能由于代理公司的破产而停止。2002年日韩世界杯和2006年德国世界杯的如期转播，也让人们对基尔希的怀疑烟消云散。

2007年岁末，在刚刚结束的德国足球电视转播权竞标会上，基尔希集团“东山再起”，以6年30亿欧元的天价购得了2009至2015年的德甲和德乙联赛的电视转播权。80岁的基尔希接下去要做的事情就是寻找新的买家，而这对于基尔希并非难事，多年营销电视转播权的经验和曾经在媒体的辉煌，都有助于他的“卷土重来”。而德国人对足球等体育赛事的狂热和执著，也使得代理电视转播永远“有金可淘”。①

“世界杯”系列

三、精益求精的赛事转播

凡是看过国际经典体育大赛转播的人们都会有一些相同的感受，赛场上竞争的风云变幻，荧屏上画面的优美流畅，每一个关键动作、每一处经典细节、每一场精彩解说，都会让观众身临其境，好像同在激情、兴奋的现场。这种高水平的转播，离不开对电视技术的熟练掌握和创造性的运用。首先，体育结合电视是找准了一种最佳的媒体传播方式。因为，电视声画结合的物理特性，以及时效性强、传播范围广、社会影响力大的优势，足以让现场感很强的体育赛事达到最佳的传播效果。其次，体育转播并不是机械的简单“反映”，它如同其他影视作品一样，要进行创造性的劳动，而转播的过程就是一次艺术之旅。

在转播风格上，德国的电视台如同德国人的性格一样，相当注重专业性。在机位上，每个转播现场有25台以上的摄像机，几乎覆盖球场全部，包括名人坐位，裁判、球员、教练及其家属所在位置，都一一收揽于镜头之中。在设备上，高倍镜头的运用可以清晰地捕捉到远处某个队员对同伴间默契配合所表现出的赞赏表情；高速摄像机的慢动作重放可以清楚地辨别犯规动作的前因后果；大范围移动的摇臂摄像机可以充分展示赛场的开阔和球门前激烈的对抗；微型摄像机可以在各种需要的角度给观众带来新奇的视觉感受。在技巧上，电视转播中蒙太奇的运用，使体育比赛跌宕起伏、激情四溢，让屏幕前的观众也感同身受。在剪切上，不管球员有没有和球在一起，所有的动作只要需要，导播马上就可以从

① 参见张志安：《基尔希集团：德国战车的终结》，《今传媒》2005年第3期。

最佳角度重放几遍，让人看得明明白白。德国的电视转播，对一些常人难以察觉的细节都能捕捉到，假动作、小动作一一收入眼底。

例如在英格兰队以2比0击败特立尼达和多巴哥队一战中，克劳奇所攻进的第一个球在赛后曾引发他是否犯规在先的争论。而德国两家私人电视台在比赛结束之后第一时间的“复盘”节目里，就指出了克劳奇的犯规所在。在分解慢动作的时候，电视台通过一个极隐蔽的角度放大画面，大家可以清晰地看到：克劳奇在起跳的一刻是用手抓住了对方后卫桑乔的小辫子！而这个动作在主裁判和助理裁判员当时所在位置的视野角度上是完全看不到的。

除赛事直播节目外，足球点评节目也非常专业。每场比赛的进球发生之后，他们都会在电视屏幕上进行详细的战术分析，对于中国球迷或许会觉得有些沉闷的内容，而德国人却做得津津有味。德国人对球场所发生的一些技术性问题，敏感性很强。比如，小组赛第一轮的特点是远射特别多，德国的电视台便立即做了一个专题节目，把所有远射破门的镜头都找出来，逐个分析皮球飞行的速度，并通过放大镜头展示远射球员的脚与球面进行接触的那一瞬间，从而以空气动力学的角度探究该届世界杯的用球是否对射门的难易造成了影响。

敬业和专业是德国电视台共同的品格，但在风格上，各电视台也迥然不同。通过对2006年世界杯的转播，我们能窥出几家著名电视台的各自特色。

私立电视台——RTL：RTL的演播室设置在慕尼黑英国人广场，同时在柏林直播布兰登堡门前的球迷节活动。演播室请来了家喻户晓的“百万富翁”节目名牌主持Guenther Jauch，专家是当年声名显赫的前德国国家队教练沃勒尔Rudi Voeller，此外还邀请了前勒沃库森俱乐部的经理Reiner Calmund。为了调解气氛，RTL还请了当红模特Eva Padberg来跑龙套做主持。美丽容颜和甜美嗓音给这个男人世界增添了颜色。本来对足球一窍不通，但集训式的恶补让这位美丽

当红模特Eva Padberg来跑龙套做主持

“外行”在诸男性专家中做做“注脚”，也颇增收视率。更有创意的是，他们做了一套用来演示出场阵容的3D动画系统，用这种高级的软件模拟系统来演示阵容很有新意。

公共电视台——德国电视一台(ARD)：ARD的强项是技术分析。专家是一位年届60的传奇人物——Guenter Netzer，他早年是德国足坛叱咤风云的球星，70年代初期德国国家队的主力中场，后来成为教练，多次拿过冠军，可谓德国足坛的泰斗。最佳拍档是年轻帅气的Gerhard Delling。两人老少搭配，一张一弛，颇为默契。和RTL相得益彰的是，ARD也选用了一位女主持来增添色彩，但选取的是散发着典型的德国中年白领女性自然气息的Monica Lierhaus女士，她是体育新闻Sportschau的主播。字正腔圆的标准德语、平和高贵的优雅气质，适合着ARD公共台的风格。在硬件上，ARD也不遑多让，他们设在科隆的演播中心引进了一套独特的视频分析软件，专用于半场和终场后对进球的技术分析。这相当于一个自动计算机模拟重放系统，但可以平滑地任意倒进，并且可以随意地从真人场景切变成如同FIFA 2006游戏一样的模拟场面。

德国电视二台（ZDF）：ZDF的风格又迥然不同，他们请来的是国际权威——足球皇帝贝肯鲍尔和球王贝利作为点评嘉宾。主要主持人为Juergen Klopp 和 Johannes B.Kerner。但两人的默契程度稍微逊色一些。ZDF的演播中心非常别致，以其开阔的视野和宏大的气势吸引着观众，2002年设在国会大厦顶楼半球，2006年设在柏林的波茨坦广场附近的Sony 中心。在技术上，ZDF发明了一种“冷冻”分析法——把一个场景定格后，用虚拟画面展示在360度不同角度下旋转后的状况。同时，ZDF辅之以网站，以精彩的内容和丰富的图片及时发布赛事情况。[1]

演播室的现场评说

总之，在人们已不再满足于在电视上只看到比赛双方结果的今天，如何让体育比赛转播更加吸引人，除了技术本身之外，专业、敬业的素质更是竞争“核心”的体现。而德国电视台的作风，无疑是我们学习的典范。

① 参见《三国鼎立——德国世界杯的电视转播状况介绍》，http://lianpengtou.blog.sohu.com/4373986.html。

第三节 总理与电视人集于一身的意大利

一、意大利广电业概说

位于地中海沿岸的意大利，拥有世界上最早的文字记载的新闻传播历史。早在公元59年，恺撒就令人写《每日纪闻》于白板上，然后置于公共场所。古罗马帝国四通八达的陆路交通和繁忙的海上交通网，既便利了商业贸易和军队的调动，也大大便利了新闻的传播。"条条大路通罗马"的习语，反映了古罗马人流、物流和信息流的繁荣。

意大利的广播电视业以1924年罗马广播电台的开播为起点。这期间发展较快，1943年法西斯垮台之前，意大利已有广播电台41座，全国性广播网2个。1954年，意大利广播电视公司（Rai）开始播出电视节目。到了70年代，有2个全国性的广播电台和3个电视台。1975年，新的广电法重申了Rai公营台的地位，后陆续建立了公营二台和三台。1976年，议会通过法律，开始允许地方性民营广播电视业的存在。这个政策一出台，3年内意大利就涌现了3 000多家电台、900多家电视台。

在抢夺频道、占地圈地的年代，有个人物开始崭露头角，他以出色的商业头脑和精明的市场操作手段迅速抢占了市场，以至今天统领着意大利媒体市场的半壁江山，而另一面的他，熟悉权术的秘笈，又在意大利政坛上叱咤风云。这就是本节的主角——被誉为"钱权交映"的贝卢斯科尼。透过他的人生之途，我们或许能对意大利的广电业有更深了解。换言之，探讨意大利的广电业，怎么也绕不开这样一个风云人物——"总理级的电视人"。

贝卢斯科尼

二、总理级的电视人

1. 从游艇演奏到房地产中"淘金"[①]

1936年，贝卢斯科尼出生于米兰一个普通的银行职员家庭，并且一直在米兰生活到大学毕业。他一副中等偏矮的身材，棕黑卷曲的头发，平日里笑颜常开、热情好客且富有冒

① 参考张剑：《世界100位首富人物发迹史》，河南大学出版社，2004年。

险精神。这位米兰普通银行职员的孩子从小就显露出惊人的商业头脑。在学生时代，他就曾帮助同学代答考试试卷，这种“帮助”当然是有报酬的。由于家境贫寒，大学时期，贝卢斯科尼不得不一边打工一边学习。为了赚钱支付高昂的大学学费，他曾经在米兰的游艇上当歌手挣钱，直到他获得了法学学位。谁也没有想到，当年在游艇上自弹自唱的学生歌手日后竟会成为欧洲最有影响力的人物之一。

20世纪60年代是意大利房地产业的暴利时期，贝卢斯科尼也在那时完成了自己的第一次资本原始积累。1962年，贝卢斯科尼成立了一家名为Elinord的建筑公司，开始了自己在房地产领域的搏杀。1969年，贝卢斯科尼用借来的3亿里拉在米兰郊区买下了一块地，建起了公寓。时逢欧洲和意大利经济的腾飞，米兰寸土寸金，贝卢斯科尼的财富也急剧膨胀起来。他当时在米兰兴建的城市花园拥有3 500个单位，环境与交通很不错，但附近一个机场的飞机经常飞过该地上空，由于噪音太大，影响了升值潜力。但忽然有一天，飞机神秘地改变了航线，并且从此再也不从此地上空飞过了，该地产也因此而身价暴涨。贝氏当时的“个人能量”可见一斑。

2. 驾驭三驾马车闯进电视业

20世纪70年代以前的意大利法律规定，只有国家才能经营广播电视业务，传媒属于国家垄断，私人根本没有机会涉足这一领域。这种情况一直延续到1976年，当年意大利通过法律允许私人创办地区性的广播电视机构。此后，意大利的地方电视台如雨后春笋般地涌现出来。此时的贝卢斯科尼并没有急于建立自己的电视台与广播电台，而是创立了一家金融投资公司，大力投资给当时急需资本投入的众多中小电视台，而这家金融公司后来成长为贝氏菲宁维斯特集团（Fininvest）的第二大企业Medialanum。在时机成熟后，贝卢斯科尼开始了电视王国的构建。

首架马车——第一家全国性民营电视台“第五频道”（Canale 5）。1978年，他组建了有线电视台Telemilano，即Canale5的前身。贝卢斯科尼的理想是，打破国有意大利广播电视公司（RAI）在全国电视广告方面的垄断。当时最大的障碍在于，法律只允许RAI在全国范围播送节目，而私有商业电视台的节目只能在当地播出。但贝卢斯科尼很快就找到了解决办法。他从国外购入大量制成节目，尤其是美国电影和肥皂剧，中间插入事先录制好的广告（贴片广告），并以很低的价钱出售给地区性小电视台，广告收入成了他的主要收入。1980年11月，贝氏将其所属的20多家地方电视台联合为“第五频道”（Canale 5），实为意大利第一家全国性的民营电视台。

第二架马车——“第四电视网”。1982年，蒙达多利－快报（Mondadori）出版集团创办了全国性民营电视台“四网”（Rete 4）。但就在当年，被贝氏旗下的菲宁维斯特公司买下了。

第三架马车——“意大利电视一台”。这个由另一富商鲁斯科尼（Rusconi）创办的私营台也未摆脱贝氏的吞并。20世纪80年代中期，许多私人电视台在残酷的竞争下纷纷倒闭，而贝卢斯科尼却凭着自己出众的生意经，在意大利电视业里独占鳌头。他的三驾马车均战绩喜人，收视率名列意大利电视收视率之冠，与意大利三家国家电视台平分秋色，到1986年，占据了全国商业电视80%的市场。

RAI为保持在全国广播电视的垄断地位，长时间与之打官司，这种现象一直持续到1990年，才由议会通过“公共和私人广播电视体制之规定”，首次明确了私人拥有经营全国性广播电视业务的权利，于是形成了公营的意大利广播电视公司和民营的菲宁维斯特公司这两大集团统踞全国广电市场的局面。接着，贝氏就在当年建立了特莱比乌收费电视台（Telepiu）。

贝卢斯科尼出音乐专辑

目前，贝卢斯科尼控制着三个全国电视频道：Canale 5、Italian 1 及Rete 4，拥有全国43%的电视观众和超过60%的电视广告。贝卢斯科尼声称自己的年收入为770万美元，另外据称他还有价值110亿美元的资产。

3. 媒体扩张不停歇

1990年，贝卢斯科尼收购蒙达多利－快报出版集团，该集团所出版的图书占有意大利30%的市场份额，并出版50多种杂志，占有意大利38%的杂志市场份额。面对互联网热潮与新媒体的兴起，贝卢斯科尼成立了Mediaset on line(MOL)与Newmedia公司，提供在线内容服务，近来又开展了互动电视业务。虽然MOL的实力还不能与AOL等在线巨头相提并论，但在欧洲也是新贵媒体了，不仅是意大利访问量极高的门户站点，而且增长速度很快。

80年代中期，意大利曾经掀起反垄断风潮，贝卢斯科尼与他的传媒集团首当其冲受到指责，并且受到反垄断部门的调查，但贝卢斯科尼凭借他与意大利政府建立的良好关系，将这一调查化于无形，逃过一劫。整个20世纪七八十年代，贝卢斯科尼是意大利红透半边天的传媒巨头。在这期间，许多意大利著名企业家都曾看上传媒业这块肥肉，包括财力雄厚的菲亚特集团总裁吉安尼·阿涅利，但他们都没能竞争过这位头脑精明的贝卢斯科尼。

4. 用足球叩开仕途大门

在贝卢斯科尼看来，要想使自己从一个纯粹的商人变成一个更有影响力的政客，必须有一种实现其目的的理想载体。足球是意大利这个半岛国家的另一种宗教，而处于绝望境地的AC米兰，则是通往仕途之路的理想捷径。贝氏当时冒了很大的风险收购了这支球队，但他的冒险是值得的，凭着这件红黑间条衫，他迅速脱去了充满铜臭味的富商外衣，摇身一变而成为堂堂的意大利政府总理。

贝卢斯科尼1986年2月买下AC米兰足球队。这个俱乐部建于1899年，当时的创始人休伯特·基普林说："红色是魔鬼的颜色，而黑色则散发恐怖气息。"他要让所有的球队害怕AC米兰队。贝卢斯科尼买下AC米兰俱乐部之后，对俱乐部进行了大刀阔斧的改造。他从帕尔玛请来了由鞋商改当教练的萨基执教，当他把聘书放在萨基的办公桌上时，萨基激动得热泪盈眶。萨基是位执著的教练，他从不服输，但也独断专行，许多人感觉与他很难相处。贝卢斯科尼却用人不疑，他尊重萨基，让他放心大胆地研究新战术，试用新打法。在萨基的带领下，荷兰"三剑客"经过短暂的磨合，很快形成了强大的战斗力，在亚平宁半岛上所向无敌。AC米兰的辉煌时代开始了。除了征战国内联赛战绩显著外，在国际赛场上AC米兰也风光无限。1989年贝卢斯科尼先后将意甲联赛冠军、丰田杯冠军、欧洲冠军杯冠军奖杯揽入怀中。那一年，他体会到了赚钱之外的快感。

AC米兰足球队带给他的光辉，也成就了他在国民心中的地位和影响力，为他步入政坛赢得了相当的选票。

5. 用电视为自己的"国王"造势

贝卢斯科尼1994年1月步入政坛，创建意大利力量党，任党主席。同年3月，他与其他中右政党在第12届议会选举中获胜，5月组建意战后第53届政府并任总理。1995年1月辞职。1996年4月，他领导的中右联盟在议会选举中成为第二大党。2001年5月，几无悬念可言的意大利大选落下帷幕，1994年曾任意大利总理的贝卢斯科尼"梅开二度"，成为意大利第59任总理。在这次大选中，贝氏麾下的"第四电视网"中断了黄金时间里播放的电影节目，反复播放贝卢斯科尼的竞选主张，为贝氏获胜立下汗马功劳。贝卢斯科尼及其麾下的传媒力量在意大利的影响可见一斑。

但耐人寻味的是，由经营媒体而成为意大利首富的贝卢斯科尼，却在获胜后表现了出人意料的矜持。他不但最大限度地拒绝在电视上露面，而且，5月13日凌晨当大选初步结果已经明了时，他并没有马上出现在北方联盟的竞选总部宣布自己获胜的消息，而让挤在那里的众多新闻记者扑了个空。当每个新闻记者都在猜测贝卢斯科尼“到底还来不来”时，他却在14日晚上沉稳地出现在“第四电视网”的摄像机镜头前。贝卢斯科尼表现出极强的自信，他表示：“我一定会向意大利人民兑现我的承诺，如果我提出的五项竞选主张中的一项在未来得不到兑现，我将打道回府。”

我们暂且不论贝卢斯科尼的政治取向和政治手腕，单是国家总理兼全国最大私营电视公司霸主的身份就足以吸引全球的目光。在政界和商界同样拥有最高身份，这里面的权利分配和资本分配总是会有些纠缠不清，难怪外界对这样的双重身份会有质疑。

6. 欧洲议会反对贝卢斯科尼的媒体霸权

2004年斯特拉斯堡的欧洲议会，以237对24票、另14票弃权的投票结果，通过了一项报告，呼吁在欧盟范围立法，以保证媒体业的多元化，并点名批评了意大利。报告指出：“意大利的体制，由于特殊地将经济、政治和媒体霸权汇聚于一人之身，呈现了一个反常状态。”该报告起草人为荷兰自由党人Johanna Boogerd-Quaak。该报告强调，贝卢斯科尼的家族企业Mediaset和意大利国营广播电视公司（RAI）吸引了该国90%的电视观众和几乎所有电视广告，而贝氏王国还是意大利广告业的霸主。

作为总理，贝卢斯科尼被广泛视为不公平地拥有影响新闻节目和RAI的当前事务节目内容的优势。贝氏作为总理和媒体业亿万富豪的双重身份，在2006年12月意大利钱皮（Ciampi）总统拒绝将一项政府媒体业条例签署为法律之时，广受瞩目。意大利许多专家认为，将重新拟订媒体业条例，通过为引入数字电视、改革广告市场和使媒体业参与国际竞争设置一个时间计划，努力使意大利的媒体业实现现代化，从而改变目前的垄断局势。

通过以上描述，我们能感受到贝卢斯科尼在意大利无论是政界还是媒体借翻云覆雨的力量，也能感受到在两个王国里，贝氏相互借力，送自己步上青云。这就是意大利的国情，政治家纠结着媒介，依托着媒介步入政界。媒介的高度垄断，从某种程度上影响着新闻的公正和平衡。在贝氏家族的以电视为主体的媒介王国里，我们清楚地感受到权力和资本的力量。但抛开所有有关贝卢斯科尼本人的非议和绯闻之外，用意大利新闻界同行的话来说：贝卢斯科尼的媒体经营之道，足以写一部上千页的商战教科书。他敏锐的媒体经营思路，值得我们借鉴。

第四节 小结与启示

一、借本土文化资源，塑电视品牌之魂

电视产业如何借助当地本土文化资源来塑造品牌，法国的FTV给我们很大启示。法国、巴黎，一置身于这两个关键词，就会让人联想到清幽的香榭丽舍大街、巍峨的凯旋门、蜿蜒的塞纳河……还有盛于高脚酒杯内的醉人红酒，更有风情万种的时尚女子在T型台上的款款而行，这一切都使之与时尚、浪漫、风情等诸多柔美词汇相连。而这样的文化资源，成为这个国度、这个城市的美丽标签，这样的标签是世界上很多城市都望尘莫及的。

法国FTV正是把住了当地文化资源的脉搏，借此塑造了品牌之魂——时尚。“时尚”不仅是巴黎的城市之灵，也成为FTV的品牌之魂。每天行走在这个时尚之都的各色佳丽，自然成了电视的主要映像，这不仅节省了大量的自制节目的成本，而且时尚艳丽的色彩无时不在吸引着各国的观众，甚至有时无需语言、无需解说，仅仅是T型台的走步，就可以跨越任何语言障碍。

我国历史悠久、地大物博，各个城市也各具文化特色。从FTV成功借助当地文化资源中可得到的启示是：要借助本土的文化优势，而且把抽象的文化资源，转化为具体的文化符号，在电视上传播。这样，既可以传播本土文化，提升文化软实力，电视产业也能以此塑造品牌，并解决内容资源的问题。

二、媒介集团扩张未必能1+1＞2

综观当今世界传媒集团的发展态势，不难发现，几乎所有的大传媒集团都在实施吞并中小传媒公司的战略，以迅速扩张自己。但在此过程中，并不意味着越多越好，尤其是在巨额贷款之下的吞并行为，要慎之又慎。

从法国维旺迪环球公司的扩张过程中，我们不难看出，过度的兼并行为，虽然在规模上使公司扩大，但同时也付出了很大代价。一方面要花费资金，另一方面也会将中小公司的负债背于自己身上。所以，即使要收购的公司潜力很大，也要考虑成本，尤其是在连续兼并之后，要适当减缓步伐，让之前所兼并的公司都能正常运转之后，再考虑下一步行动。

三、精湛的转播技术是电视体育产业发展所必需的技能

与电视结合是体育营销的一种惯常做法，其中，电视台（公司）的转播技术成为这种结合的关键因素。德国专业、精湛的转播技术和主持人的精彩主持，使该国的电视行业在转播方面一直居于世界上的权威地位。

四、大型私营媒介集团实行产业一体化

从欧洲三国案例中，我们能深刻体会到：西方媒介集团不仅在推行多元化的产业运作方面硕果累累，而且，在推进产业的纵向一体化，形成上中下游紧密联系的产业价值链条方面，其运作模式也令人折服。信息资源的一次、两次乃至多次的开发利用，被发挥得淋漓尽致。

意大利的贝氏王国，拥有着从广播、电视到报刊的多种媒体组合，拥有着从出版到音乐唱片、足球的多元化产业。多种产业、多种组合，使媒体王国能将资源有效配置。法国、德国也是同样。纵观这些西方媒体集团，它们在资金运作、内容生产、渠道建设等方面，都给我国广播电视业的发展提供了启示。

思考题

1. 分析法国时尚频道创办的优势所在，该频道是如何进行市场开发的？
2. 通过法国维旺迪集团发展的起伏之路，谈谈你对媒介集团的兼并扩张行为的看法。
3. 简述德国基尔希集团的兴衰史，它给我们带来哪些启示？
4. 结合具体实例，简述德国体育赛事的电视转播特点。
5. 通过贝卢斯科尼个人的发展历程，简述意大利的电视产业状况。
6. 法、德、意三国电视产业的发展，对中国有何启示？

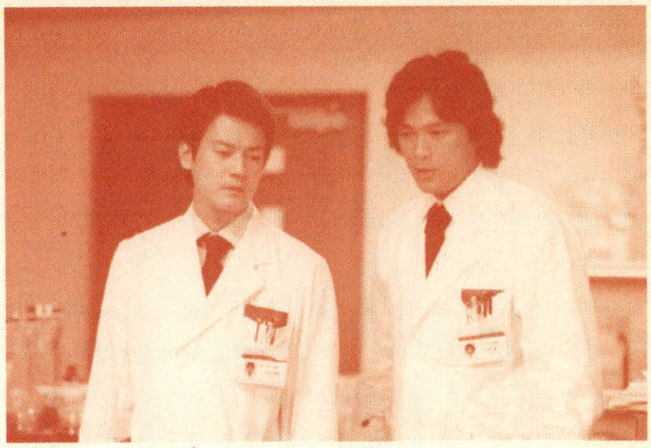

第四章

樱花之魅——日本电视业

第四章　樱花之魅——日本电视业

在媒体产业发达的日本，依靠广告收入不断壮大的广电产业，向来为整体的国民经济发展带来极大的贡献。在日本近20种产业中，84%的产业将自身广告费投入电视、报刊，而投向电视产业的广告主又占全部产业的一半以上。

第一节　日本广电业概说

日本广播电视产业的发展历史可简单划分为三大阶段：第二次世界大战前的政府统治阶段、第二次世界大战后的联合国军推动民主化阶段，以及后来的报业资本注入的蓬勃发展阶段。

一、早期的政府控制

日本的广播电视业从第二次世界大战前开始发展。1925年，东京广播电台(NHK的前身)成立，它虽在形式上由各界社会团体出资建立，但实际上却受到政府严密的控制。1926年，在日本政府的广播事业主管部门通信省积极推动下，另外两家商业电视——大阪广播电台、名古屋广播电台与东京广播电台合并，合并后称为日本广播（广义，日文为“放送”）协会(简称NHK)。1928年，NHK完成了覆盖全日本的广播网，成为当时日本唯一的广播电台，如今它仍是日本唯一的公营广播与电视组织。

第二次世界大战后，以麦克阿瑟为首的联合国军最高司令部(简称GHQ)成为推动日本广电事业民主化的主导力量。GHQ进驻日本后，给广播业制定了三大原则：一是在确保言论自由的同时，坚决地保护联合国军的利益；二是重组当时仍为日本政府控制的NHK，成立广播委员会以脱离控制；三是推动日本广播业的组织结构多样化，于1950年实施“电波三法”(电波法、广播法、电波监管委员会法)，使得无政府背景的民间商业电台得以成立。在“电波三法”实施之后，第一批商业电台很快陆续出现，1951年日本14个地区共有16家广播电台获得播出许可证，日本广播业从此进入公营与私营并行的时代。

二、公营私营并存体制

NHK在广播电台的经营基础上跨入电视业的经营，于1953年成功地播出黑白讯号，开启了日本的电视时代。同年，日本第一家商业电视台——日本电视广播网(现在的日本电视台)紧接着成立，标志着日本广播电视产业由NHK公营组织垄断的时代的结束。日本是全球广播电视行业中，最早施行公营与私营两种体制并行的国家，即使是相同体制的英国也是到1954年丘吉尔执政时，才结束了公营电视台BBC对电视业的垄断。

由于战争带来的负面影响，日本电视的起步不算太早，但之后电视产业的发展相当迅速，商业电视台陆续成立：1951年，日本民间放送联盟(NAB)成立；1955年，广播东京（现在的东京广播电视台，简称TBS）成立；1958年，东京塔建成并启用；1959年，富士电视台与日本教育电视台(现在的朝日电视台)相继播放节目；1960年，日本电视进入彩色播出时代，看电视的人口激增。到1962年，电视已在日本普及，签约收看电视的家庭数超过1 000万户。

三、NHK的技术推进作用

NHK虽有过独霸垄断的阶段，但它对日本的广电业发展具有重要的先导作用，特别在技术革新方面。NHK最早于1953年播出黑白电视信号，1960年播放彩色信号，1978年启动卫星广播试验，1963年创建“广播电视中心”，1984年正式进入卫星时代。NHK最积极于推动新的技术，从1964年就

NHK电视新闻节目的LOGO

开始研究开发高清晰电视（HDTV）。2003年，NHK与另外6家民营电视台一起推出了7个广播卫星数字高清晰度电视频道（HDTV）。此外，NHK还担负着全国性的语言广播、电视广播，以及全球性的对外广播业务，在日本国内发射五套电视节目：陆地传送的普通频道、儿童频道与三套卫星电视，并发送三套无线电广播节目，以及面向海外的电视、无线电广播与NHK世界超值(NHK World Premium)等服务。

日本广电业的另一个特色是由报业主导。日本报业发展蓬勃、竞争激烈，报业管理人对新的媒体形式的出现十分重视。早在第二次世界大战前就对刚萌芽的广播电台跃跃欲试，各大报社与通讯社以免费提供新闻换取低价位购得电台的股份。第二次世界大战结束后，各大报社立即纷纷要求政府放宽对广播业的限制，并通过社论、评论表达结束NHK垄断广电业的主张。开放民营广播之后，1951年成立的第一批商业电台(共16家)中，除了一家为宗教背景外，其余15家都有报业介入。

四、报业主导下的电视业

日本报业除了成立广播电台外，更加积极地跨入电视产业，除了对电视业进行投资之外，还主动向电视台提供新闻素材。得到报业大力支持的电视台，为了增加自身的采访和制作能力，于1958年迈出以报业资本为背景成立商业电视新闻网的第一步——每日新闻社投资的东京广播公司集合分布在日本各地的16家电视台组成JNN。60年代后，各大以报业为资本的新闻电视网陆续成立：1966年，读卖新闻社背景的电视台成立了日本新闻网（NNN：Nippon News Network）；同年，产经新闻社背景的电视台成立富士新闻网（FNN：Fuji News Network)；1970年，朝日新闻背景的电视台与地方电视台结盟为全日本新闻网（ANN：All-Nippon News Network），以上4家民营新闻电视网与公营的NHK新闻网成为日本五大电视新闻网。

五、五大商业电视网

随着社会经济的高速发展，1960年至1970年的10年成为日本电视业快速发展的时期。到了70年代，日本电视业发展更为迅猛，竞争也更加激烈。为了缓解电视台之间的过度竞争问题，在政府的大力支持下，读卖、朝日、每日、产经和日经五大报社在电视网的投资上进行重组，使这些民营电视网的资本结构更加单一与明确。1975年所有的重组完成，日本以报业资本为基础的五大商业电视网正式形成：

日本电视网（NTV）——读卖新闻

东京广播公司（TBS）——每日新闻

富士电视台（FUJI TV）——产经新闻

朝日电视台（TV ASAHI， NET）——朝日新闻

东京电视台（TV TOKYO）—日本经济新闻

日本的媒体大都是民营企业，拥有极大的自由发展空间，少有政府介入，而对影响力强大的广播电视业虽在法律上有较多的规范，但总的来说仍是由市场决定一切，并在管理上几乎完全靠着行业的自律。日本民间广播联盟（简称NAB）是民营电视台发起成立的一个组织，起初成立的目的是为了平衡公营电视台NHK的垄断势力，并使各个商业广播电视台能够相互帮助和监督；后来的主要任务在于提高行业自律能力，并维护民营电视台的合理营业与公平竞争。NAB成立之初，先是对政府和金融机构采取联合一致的行动争取金融支持，后又制定一系列播放伦理和道德标准。在1996年与NHK共同制定的《广播伦理基本纲领》中，强调广电业的社会责任意识，包括对儿童青年的关照、对暴力与性相关内容的限制、对奖金与赠品的处理，以及关于人权、法律、政治、家庭与社会、教育教养、报道职责、宗教等节目内容的详细规定，此外还包括广告内容方面的规定与限制。

六、卫星时代

日本在卫星电视与下一波的互动电视发展上也占有领先的地位。日本第一个民营卫星电视台——日本卫星广播公司(JBS) 于1990年成立，到1992年全日本已有9个卫星电视台，均向用户收费。JBS由193家大企业合资开办，发展初期受到经济萧条的影响，营运十分艰难，1992年底已累积赤字达407亿日元，直到1993年JBS更换经营者并改善经营方式，才得以于1995年扭亏为盈。1996年1 月，JBS的签约用户已突破200万户。

1996年，数码多频道电视台“日本完美电视公司”成立。此时，日本政府决定停止发展卫星电视，转而发展数码电视，计划到2010年全部改为数码式多频道电视台。进入21世纪的日本卫星电视，由通过通信卫星(CS)改由通过广播卫星(BS)播送，由于这种点播式卫星传输电视所具有的双向互动特性，看的电视变成了用的电视，这给日本电视产业增加了新的发展空间，但同时也意味着电视产业进入了更激烈的竞争。

第二节 经典案例透析

一、创造笑脸与幸福的“搞笑”业界

从前，如小丑一般的喜剧演员比起其他类型的演员往往较得不到重视，但在日本则大不相同。日本有一群被称为“搞笑艺人”的笑星，他们的职责就是用尽方法让人发笑。他们不仅要有喜剧演员的功底，还要有机智的临场反应。搞笑艺人在日本独领风骚，许多人能演能唱还能主持，并且具有创意奇想与节目策划的能力，他们支撑起日本特有的“搞笑事业”，这个事业的总产值可与高科技产业相比，一年高达2万亿日元，如果再加上相关的周边商品收入则有将近4万亿日元的产值。

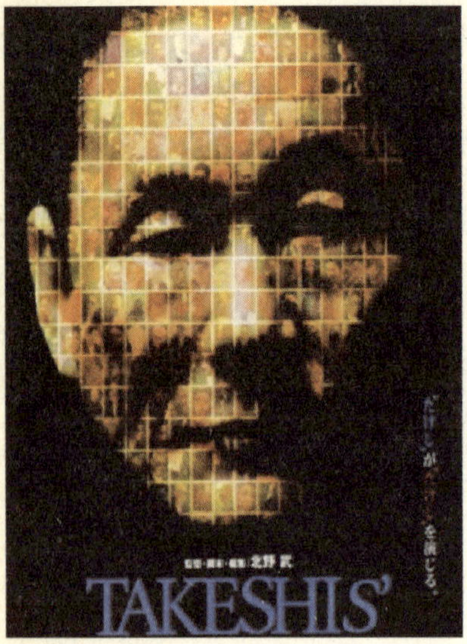

日本笑星北野武

1. 庞大且专业的搞笑业

搞笑艺人在各种节目中负责逗趣的演出，若受到观众欢迎则有可能朝主持、演戏，甚至出唱片等多方面发展。想当一个搞笑艺人必须从基本功练起，举凡传统的日本落语（日本传统曲艺形式之一）、相声，到短剧、喜剧、模仿、歌唱与主持技巧等等，都是他们的必修课。他们通常有多年剧场磨炼的经历，再登上屏幕成为受观众欢迎的开心果。在生活节奏快速紧张的日本，他们就像是人民纾压的良药，在许多家庭，下班放学后的吃饭时间，全家人一同观赏搞笑艺人的综艺节目，已是日本人数十年来的一种生活模式。因此这些综艺节目的收视率甚至可高过电视剧，成为日本电视的一大特色。搞笑艺人在日本又有从一人、二人、三人乃至四人及以上的各种组合方式。

日本笑星荻本钦一

20世纪70年代日本经济蓬勃发展，电视产业也进入了一轮全盛时期，纾解人们紧张生活压力的综艺节目走进家家户户，其中又以搞笑为主的休闲综艺性节目最受欢迎，一个又一个著名的搞笑艺人诞生，成为许多日本人一开电视就想看到的朋友。只要有他们出现，电视台收视率就有保证。例如由表演风格怪异的志村建领军的“志村大爆笑”曾创下30%的高收视率；而后来转为国际大导演的北野武制作的“北野宫殿

突击”游戏节目长时间受到热烈欢迎；另一个搞笑天王田森在中午时段主持的现场节目“笑一笑可以吗？”则是一个播放了长达20多年时间的超级长寿节目。当时崛起的艺人如今在日本依然相当受欢迎，属于日本搞笑界“教父”级的人物。

2. 完善的艺人经纪制度

日本在每个年代都有很多受欢迎的笑星诞生，一代接着一代从不间断，这主要归功于日本行之有年的完善的艺人经纪制度。这些经纪公司不仅挖掘艺人、培养艺人，并为他们开设节目以及规划全方位的宣传战略。在日本有许多专门培育笑星的“搞笑公司”，比如从大阪起家的“吉本兴业”、东京的“松竹艺能”，以及由搞笑天王北野武、荻本钦一离开经纪公司单飞后成立的“Office北野”、“荻本企划”等等。其中，规模最大、影响力最深的是历史悠久的“吉本兴业”。

3. 历史悠久的吉本兴业

“吉本兴业”在日本家喻户晓，被称作是“创造笑脸与幸福的事业”，专门培养笑星并制作搞笑的内容。吉本兴业从1912年创业至今，培养了无数艺人，目前旗下约有500多位艺人以及300多位经纪人，每年制作节目大约2 000个小时，占日本综艺节目总量的79%，并拥有自己的卫星频道、唱片公司和位于日本各城市的30多家剧院。他们旗下有许多很受欢迎的招牌艺人，除了每年当选“最受欢迎搞笑艺人”的明石家秋刀鱼、说相声起家的岛田绅介之外，还有后来蹿红的Down Town（松元人志、滨田雅功）、99（冈村隆史、矢部浩之）、伦敦靴子(田村淳、田村亮)等等，他们的成就是进入搞笑界的新人们憧憬的目标。这些搞笑艺人在大红大紫之后，依然属于吉本兴业的签约艺人，为吉本兴业贡献着相当大的营业收入。

● **强势媒体塑造笑星**

吉本兴业创业于日本广播电视产业尚未诞生的1912年，当时他们只是单纯地在剧院里演出喜剧，一如所有的剧团一样；而随着广播的出现，吉本兴业的搞笑艺人开始对这一新的传播方式跃跃欲试，但却受到当时老板的反对，他认为广播会影响人们买票进剧院看戏的意愿，于是规定所有签约艺人都不能涉足广播。当时有一位著名的相声演员不理会公司规定而上了广播节目，没想到他的违规竟对演出有很好的宣传效果，买票进剧院看戏的人不减反增。从此，吉本兴业认识到对新的媒体应该去运用它而不是躲避它，只要运用得当就能成为最强的助力。

继广播之后，电视成为更强有力的媒体。在电视崛起之际，吉本兴业毫不犹豫地投入，紧紧捉住这个最强大的表演与宣传渠道，先是成立了媒体公司，制作节目供应给电视台播放，再进一步拥有自己的电视频道。于是吉本兴业的舞台从剧院扩展到电视，也就是说，从几个城市的发展扩展到整个日本甚至海外。他们随着环境与时代调整策略，但核心事业——“搞笑”始终不曾改变，如今它是日本前五大艺人经纪公司，以及规模最大的搞笑内容制作公司。

吉本兴业非常重视旗下艺人，他们在日本的东京、大阪成立艺人培训学校，积极挖掘与培养新人，每年有2000名左右的学员，吉本兴业从中选出具备潜力的人才签约合作。吉本兴业与艺人之间有完整的合约协议，使吉本兴业能保有艺人的演出权与肖像权，能够从受欢迎的艺人中延伸出多元化的产品，例如发行唱片、拍摄广告等等。因此可以说，艺人是吉本兴业的根本，而版权是它最大的资产。

● **多元化经营**

吉本兴业有自己的唱片公司，近年还积极涉足动漫领域。日本是全球最大的漫画王国，在日本想要吸引年轻的人群，透过动漫是最有效的途径之一。吉本兴业出资制作的动画片《心灵游戏》（Mind Game），描述一位男孩遭逢一连串奇遇时的脑海想象，犹如一部大人版的《小木偶奇遇记》。片子采取一贯的“吉本风格”，让观众刚沉浸在情爱或急难的氛围中，一下子又来个意想不到的搞笑，令人哭笑不得。片中的配音由吉本兴业旗下艺人担纲，带着关西腔的声音演出为本片增添更多吉本式的趣味。此片一推出就广受瞩目，还打败宫崎骏的《霍尔的移动城堡》，夺下2005年日本文化厅多媒体艺术节动画部门大奖。

继成功推出动画片之后，吉本兴业于2007年初宣布将与东京的Wani Books共同投资创办一本动漫杂志，正式迈向出版领域。这本杂志面向20～40岁左右的男性读者，吉本兴业仍秉持“内容为本”的理念，计划将旗下艺人原创的故事以漫画方式表现出来，掌握这些内容的版权再将它们影像化，搬上大小屏幕。捉住年轻的一代，几乎是所有影视行业的重心，但日本是高龄化社会，老年人口相当多，他们对拥有近百年历史的吉本兴业非常熟悉。吉本兴业在积极吸引年轻人的同时，也为老年人着想，开设了“吉本欢乐中老年”的网站，面向日本在第二次世界大战后首次生育高峰期间出生的中老年人，网站上免费提供单口、双口相声等视频娱乐内容。

戏剧最大的魅力在于能牵动人们的情绪，让人又哭又笑。然而，一个搞笑艺人如何一开口或用一个动作就让人发笑呢？任何情绪的牵动，都必须先做到让观众产生共鸣，唯有贴近人们才能让人产生共鸣，因此吉本兴业认为，令人发笑的秘诀在于所制作的内容是否贴近大众并与大众共存，这成为吉本兴业数十年来不变的企业理念与口号，无论发展什么领域，都坚持制作投合大众口味的内容。

● **开发周边商品**

除了在编剧与表演方式上必须投合大众的喜爱之外，吉本兴业还发展出比广告更贴近人们生活的宣传方式。他们大量开发周边商品，采用艺人肖像为图样，所制作的商品应有尽有，除了一个节目制作公司常规推出的DVD、书籍之外，还有各种看起来“不太正常”的各式商品，如厨房用品、办公用品、服饰用品等等，许多产品不仅印制了受欢迎的笑星的面容，有些还加入令人哭笑不得的创意，如会流鼻涕的花田钥匙圈(花田为吉本新喜剧台柱之一)，这些设计一如吉本兴业的宗旨——带来笑脸与幸福，一方面作为吉本兴业笑星们的宣传，另一方面还能赚进更多的钞票，成为吉本兴业重要的经营项目之一。创意的设计与令人发笑的笑星模样，吸引人们将它们买回家，吉本兴业就这样将艺人们的图像送进了千家万户。

此外，吉本兴业在大阪还开发了一条“笑街”。这条笑街有点像主题乐园，它模仿20世纪七八十年代的日本街道，走在其中不但可以找到玩具店、理发店、电器铺、写真馆、侦探事务所、警局、医院等，部分商店还能供人进去参观内部的摆设，已成为大阪一个趣味性十足的特色景点。

● **走出日本**

跨入21世纪后，吉本兴业积极迈出日本，将事业拓展到大中华区域，是近年致力于开拓大中华市场的日本文化产业代表。搞笑内容比一般戏剧或综艺节目更具有地域性，吉本兴业深知这一道理，因而在大中华的市场策略并非推销自己制作的日本国内节目，而是与中国内地、香港及台湾合作，将吉本兴业的“搞笑方程式”本地化，制作以大中华消费者为对象的节目，实施一种“全球在地化”(Globalization)的策略。

吉本兴业迈入大中华区域的第一步从台湾开始，2002年4月它与台湾东风卫星电视台合作，各出资一半在台北设立制作公司，以生产搞笑为主的电视节目、舞台剧及电影为目标。为了造势，还在当地开展选拔赛以发掘有搞笑潜质的新人。吉本派旗下艺人及编剧赴台与东风合作，制作了在日本受欢迎的喜剧《明日英雄》（2004，Nippon TV，滨田雅功主演）的台湾版，由台湾知名主持人吴宗宪主演，并将其招牌搞笑舞台剧“吉本新喜剧”的中文版带到台湾，由日本

吉本新喜剧在上海公演的海报

和台湾艺人共同演出。在香港，吉本兴业投资在香港创业板上市的ROJAM（港交所：8075），成为其主要股东。该公司由日本音乐制作人小室哲哉等人创立，在大中华地区从事娱乐事业。

2002 年，吉本兴业来到上海，于美琪戏院演出“吉本新喜剧”，并设立电视节目制作公司，举办选拔赛以发掘有搞笑潜质的新人。吉本兴业在把“笑的事业”输出到中国的同时，也将中国的滑稽剧带到日本。先于2003年与上海若干家制作公司合拍电视剧《世纪末的晚钟》（22集），由中日两国导演共同执导，中日演员合演，并于中日两地取景，音乐则由小室哲哉制作；之后，又于2006年邀请上海人民滑稽团赴日演出《七十二家房客》，此活动是“中国文化节2006”的节目之一。与上海交流后的下一步是去北京，吉本兴业于2006年 11 月 20 日宣布购入中国祥宇文化三成的股票，合作制作舞台剧、电视节目及音乐。

● **不变的理念**

吉本兴业的成功因素，主要在于坚持“带来笑脸与幸福”、“与大众共存”的理念不变，再从这些理念出发，专心经营核心事业以及积极拓展周边相关事业。他们将艺人视为必须用心栽培的种子，只要掌握艺人的肖像权与所制作的各种内容的版权，待这些种子开花结果时，便迎来了丰收的季节。当艺人日渐受到欢迎之后，吉本兴业又以各种方法留住大红大紫的艺人，不让他们有机会单飞，并且乘胜追击，为他们设计形形色色的周边商品并规划更多元的表演渠道，如演出电视剧或电影、发行唱片等等。吉本兴业2005、2006连续两年稳坐日本所有演艺公司纳税排行榜的第五名，纳税金额超过26亿日元。

二、偶像剧——日本流行文化的传播大使

1. 强大的文化影响力

日本的电视剧制作历史悠久、技术纯熟，并且在海外流传甚广，形成美国之外的另一股强劲的文化影响力。近年来，日剧在日本国内市场与其他国家一样，整体收视率下滑，而海外市场又受到韩剧影响而有所萎缩，似乎日剧的黄金时期已经过去了，但其实它仍是日本电视产业利润的极大来源，在海外依旧是日本流行文化的最佳代言人。日剧如何像常青树一般一波又一波缔造佳绩？它又为何能成为强劲的日本文化推广媒介？无论是对传播学者、广电业者甚至是文化产业推动者，日剧的特质、发展历史与成功因素都值得深入探索。

“日剧”是日本电视剧的简称，包括各种类型的电视剧如古装的历史剧（时代剧）、悬疑推理剧、以刻画男女爱情故事为主轴的偶像剧等等。电视剧在日本

《101次求婚》剧照

主要可分为三大类——以偶像剧为代表的“现代剧”、以NHK大河剧系列为代表的“时代剧”，以及家庭伦理类长篇型的“大众剧”。

提到日剧，即使不太看的人也可能在记忆中浮现出几部经典日剧的名称，如《东京爱情故事》、《101次求婚》、《爱情白皮书》等等。这些日剧是20世纪90年代初由日本富士电视台为了拯救当时萎靡不振的日本电视剧市场而精心筹拍的作品。这一类型的日剧都是由偶像明星主演，因此又被称为“日本偶像剧”。在剧情方面，它们以现代生活为场景，深刻描述现代人的爱情、工作、生活；在拍摄上，则力求画面的完美性。令人神往的画面再加上与现实贴近的故事情节，赢得观众的认同与喜爱。日本偶像剧在日本电视剧史上缔造出辉煌成绩，不仅在日本国内受到欢迎，还成功迈向海外，在全球华人地区造成轰动。

《东京爱情故事》剧照）

这里主要介绍日本偶像剧，它不仅为日本电视产业做出了极大的贡献，更是日本流行文化传播的关键媒介。日本偶像剧在国际上带动了日本产品的消费市场，并促使人们在消费的集体无意识中对日本文化产生认同。

2. 反映时代趋势

日本偶像剧一般播出时段，是上班族与学生下班下课后的晚间，剧情多以爱情故事为题材，但对于现代生活中的职场生态、人情世故与人们的生活压力有较深刻的描述。在长度方面，通常集数不多，约12集左右，一周播出一集，约一季（3个月）中播完。90年代以来的日本偶像剧，有许多偏向社会写实方面的作品，将现代生活特有的现象与现代人的烦恼融入戏剧中，因此又称为“趋势剧”（trendy drama）。

“趋势剧”与单纯营造浪漫爱情或富豪家庭纠葛的“肥皂剧”(soap opera）迥然不同。依照日本趋势剧演员河毛俊作、编导山田良明、脚本家松原敏春等人对趋势剧所下的定义是：都会、流行、时尚、男女、爱情、友情等同侪关系而非上下关系串联而成的故事剧集。它之所以称为趋势剧，是由于剧情所探讨的多为现代人所面临的种种问题，剧中人、事、地、物往往反映时下的流行趋势。

3. 富士的“月九传奇”

富士电视台在日本偶像剧产业中是关键的开创与带动者，它在每周一（月曜日）晚间9点时段所播出的连续剧简称为“月九”，而在周二（火曜日）与周四（木曜日）晚间也都有连续剧播出时段。“月九”是富士电视台连续剧的金字招牌，制播了多部高收视率的脍炙人口的好戏，从1991年的《东京爱情故事》与《101次求婚》，到1996年的《长假》、1997年的《恋爱世代》等等，富士电视台在90年代缔造了一段“月九传奇”。2000年之际，洋溢着青春风格的日本偶像剧有整体走下坡路的趋势，虽仍有几部当红偶像主演的连续剧跃上30%以上收视率的佳绩，如松岛菜菜子主演的《大和拜金女》(2000年)与木村拓哉主演的《HERO》(2001年)，但盛况已不如90年代。

1	HERO	2001年	34.3%
2	恋爱世代	1997年	30.7%
3	长假	1996年	29.6%
4	一个屋檐下	1993年	28.2%
5	爱情白皮书	1993年	27.03%
6	一个屋檐下2	1997年	26.97%
7	难得友情人	1992年	26.43%
8	大和拜金女	2000年	26.38%
9	老师也疯狂2	1989年	26.0%
10	冰上悍将	2004年	25.2%

资料来源：维基百科

富士电视台“月九”平均收视率排行

（收视率后方的括号内为达到该收视数字的集数）

1	一个屋檐下	1993年	37.8%（11）
2	HERO	2001年	36.8%（8、最终回）
3	101次求婚	1991年	36.7%（最终回）
4	长假	1996年	36.7%（最终回）
5	大和拜金女	2000年	34.2%（最终回）
6	一个屋檐下2	1997年	34.1%（最终回）
7	恋爱世代	1997年	32.5%（9）
8	东京爱情故事	1991年	32.3%（最终回）
9	难得友情人	1993年	31.9%（最终回）
10	爱情白皮书	1993年	31.9%（最终回）
11	老师也疯狂2	1989年	31.0%（最终回）
12	东京仙履奇缘	1994年	30.7%（最终回）

资料来源：维基百科

富士电视台“月九”收视率超过30%的作品

90年代末当日本偶像剧走下坡路之际，正值富士电视台开始筹划45周年台庆，它决定以更高的预算、更长的制作时间来打造一部不同于以往的连续剧，期望重现电视剧的高峰期，于是，一部创下高收视率的《白色巨塔》(2002年)应运而生。《白色巨塔》在演员阵容方面不改偶像剧传统，仍启用受欢迎的偶像明星演出，但不同的是，主演的唐泽寿明与江口洋介都是“资深”级的偶像，而女演员黑木瞳更可以说是“常青”级的演技派；在制作长度上则开创了21集的较长篇内容，对于习惯制作12集连续剧的剧组来说也是一大挑战。

此外，相较于90年代青春偶像剧紧扣的浪漫爱情主题，《白色巨塔》在题材上完全脱离偶像剧的模式，剧情勾勒医生们明争暗斗的情节与医院里残酷无情的黑暗体制，不仅没有过去偶像剧的轻松可爱风格，反而很沉重地偏向社会写实。《白色巨塔》的成功在日本带动新的社会写实剧风潮，一系列带有社会写实色彩的小说被改编成电视剧，成为新一轮的日剧风格，例如：森村诚一的《人间的证明》、山崎丰子的《女系家族》、松本清张的《黑色笔记本》、《野兽之道》、《砂器》等。在这些连续剧里，爱情故事经常只是一些点缀，人物的个性造成什么样的命运以及如何突破现实生活的重重障碍才是故事的主轴。

《白色巨塔》剧照

4. 带动消费的"哈日"风潮

日本偶像剧不仅在日本国内成功地挽救了80年代末开始滑坡的电视剧市场，而且在海外如中国的香港、台湾以及北美华人圈广受欢迎，还在台湾地区刮起了影响年轻人甚巨的"哈日风潮"。1993年，台湾对日本电视节目解除长达数十年的禁播规定，有线电视频道开始狂播日本电视节目，并有多家专门播出日本节目的频道诞生，由于正值几部经典的日本偶像剧推出，因而在台湾造成前所未有的日剧风潮。据了解，截至1998年为止，《东京爱情故事》在台湾的重播率高达10次，《101次求婚》也重播了7次以上；1999年由漫画改编的《恶作剧之吻》在半年中就重播了好几次。

在香港，日剧也有相当稳定的市场，无线电视台与亚视长时间以来都有播放日剧的时段。中国大陆自开放以来，也开始在电视上播放少量的日剧，其播出的日剧虽然比港台少得多，但靠着DVD、VCD以及网上下载等"非官方"流传方式，日剧在大陆的传播反而无远弗届。大致说来，70年代以后出生的人群，无论在港台、大陆或海外，都有许多人是"看日剧长大"的。有些人不仅看日剧，还深深为精致的日本流行文化与注重礼仪的日本传统文化所吸引，进而在潜移默化中对日本产生一种文化上的认同感。

一部偶像剧如何能有制造认同感的威力呢？Schiller从文化帝国主义的脉络指出：当前的文化霸权形式是一种"总体的套装文化"（total cultural package），其文化产品横跨印刷、音乐、电视、电影等种种类型。因此，日本偶像剧所传递的是“整体的日本套装文化”，推销了日式的商品、风格、品位与生活方式，导引受众透过消费行为获得快乐、满足与想象，并因此全面占领了受众/消费者的休闲生活空间，其影响融入了受众的媒介使用行为、消费行为、消费价值观、生活态度及文化认同等许多层面。

日本偶像剧成功的关键在于，情节反映了真实的人生，说出了现代人困窘、渴望的一切，在现实的人生场景中，勾勒普通生活的梦想与失落，丰富了寂寞贫乏的现代人生活，并以贴近现实的情节，作为日常生活的参考。这种“真实感”提供了一种可操作的现实主义，也提供观众许多投射、想象与模仿的空间。其次，日本偶像剧很重视选角，不只是单纯的偶像挂帅，还要在男女主角的搭配上具备话题性，如果是俊男美女，那么通常要首次搭配，或更加别出心裁地组合。例如在《101次求婚》、《爱的真谛》里的丑男配美女，或《魔女的条件》、《长假》里的女大男小姐弟恋组合。除了男女主角之外，日本偶像剧对其他角色的选角也不马虎，如邀请老牌演员或老一辈的偶像担任配角，也是为戏剧增添吸引力的方法之一。

编剧是日本电视剧的核心。日剧的崛起，幕后推手就是这些编剧。在日本，大牌编剧头上的光环绝不比明星黯淡，他们各自拥有不同的创作风格和个性，开创出日剧发展的各种流派。在全球连续剧市场都面临剧本荒的时候，漫画王国的日本不仅拥有优秀的漫画家创作的漫画可供改编，还相对拥有更多能写出有一定深度又受到市场欢迎的剧作家。这些创作者在成名后依然笔耕不辍，努力寻求突破，是日剧难以被打倒的主要原因。

知名的剧作家野岛伸司，在早期写下浪漫经典日剧《101次求婚》、《同一屋檐下》后，竟令人意外地创作出揭露校园暴力具批判性的《高校教师》，开启他写实派的新创作风格。喜爱冒险与实验的剧作家君良，则以创新与颠覆著称，在1992年的《一直爱着你》中直指恋母情结；而1997年，他在刑事剧低迷之时，潜心研究刑事剧的模式，创作出一部完全摒弃刑事剧元素与模式的《跳跃大搜查线》，此片大受欢迎，最高收视率甚至超过了《东京爱情故事》。另一位开创“三谷流”的剧作家三谷幸喜，则以辛辣的笔触与不露痕迹的幽默，创作各类型别致的剧作，他的作品《回首又见他》、《古田任三郎中尉》、《奇迹餐厅》、《不要叫我总理》都有着独特的个人风格。

还有许多位女作家创作出一部部气质出众的作品，她们虽是创造柔情浪漫的高手，但又不忘贴近现实，细腻地道出现代男女对爱的渴望与真实的困境，不仅让人产生共鸣，还能发人深思。大森美香从关注女性的角度出发，创作了《漂流教室》

《大和拜金女》剧照

和《不平则鸣》；而创作《东京爱情故事》、《爱情白皮书》的著名漫画家柴门文，则在浪漫唯美的糖衣下，隐藏着精辟独到的见解与敏锐的女性目光。另外，如北川悦史子的《跟我说爱我》、《长假》、《美丽人生》也是日剧的经典。擅长感动人的龙居由佳里所创作的《天堂的金币1》、《天使之爱》、《通往婚纱之路》，被媒体形容拥有“令整个日本都哭泣”的威力。

近几年韩剧的兴起，似乎对日剧带来很大的威胁。其实日剧受韩剧的影响主要在海外市场，而海外市场的收入仅占日剧总体收入的不到1%。日剧主要靠日本国内市场的广告，占总营收的85%。日剧在海外市场受到韩剧挤压的主要原因是价格，即日剧比韩剧昂贵许多，电视台在成本考虑下，多舍日剧就韩剧，所以，无论大陆或台湾的电视台，都有播出韩剧比重增加的现象。然而，喜欢日剧的人依然从其他渠道追捧“日剧”，如DVD、网上下载等，对日剧产业来说，海外的版权难以管理才真是一大难题。

大众对流行文化的口味时时在变，观众对电视剧题材方面的喜好也是如此，一个风格的开创，总有高峰与落幕的时候，即使如偶像剧这样的青春美丽风格，也同样有造成“审美疲劳”而让人不再感到期待的时候，而开创出的新风格也同样总有让观众觉得“吃腻”的一天，因此，不停的变化与源源不断的创意，才能支撑住这个产业。

三、半个世纪的探索——NHK丰富多变的教育节目

日本于电视产业开始之初，就为儿童教育留下空间，其公营电视台——日本放送协会（NHK）长期致力于研究如何将媒体与教育相结合，发挥媒体的教育功能。

NHK早在20世纪50年代成立之初的黑白电视时期，就已开设教育栏目，90年代网络兴起之际，更转而制作结合电视与网络的新型教育节目。NHK在教学节目方面约半个世纪来的探索，发挥无数的创意将枯燥的教学演变成有趣好看的电视节目，不仅受到日本学校与教育界的肯定，更实现了电视

除休闲娱乐之外的教育使命。

1. 电视走进校园

NHK开播之际，也就是日本的电视时代开启之时，每天已有15分钟的教学时段，让电视走进学校，拍摄学校的上课实况。科学类节目“液体空气”（Liquid Air）是当时的招牌栏目，它将学校的科学实验通过电视播放，让学生们在课堂外也能看到各种实验，这个栏目最初验证了电视在儿童教育上可以发挥极大的力量。

1959年1月，NHK教育频道开播，同年4月，每周已有35个教学节目，总计一天有2小时又15分钟的节目播送。其中最受欢迎的是“理科教室”（Science Class），这个节目针对10到15岁的儿童设计，分年级进行电视教学。之后，初中英语与小学的社会学科也以同样的模式进行电视教学。当17吋屏幕的电视问世时，因搭配了更佳的音响设备以及可以上锁的电视门，日本的所有学校都迅速地接纳了电视化的教学课程。

2. 开创新型态教学节目

到70年代中期，超过95%的日本小学与50%的初中、高中将电视锁定在NHK教育频道上。为配合教育审议会（National Diet's Education Council）提出的“教学多样化”政策，NHK开始探索新的节目形态，将节目侧重方向从单纯的教学转向环境与生活的学习，此举突破了传统的学科教学，缔造了各式各样不同于以往的教育性节目，这些节目其实就是现在学校注重的“整合式教育”的前锋。

3. 数字化的教学内容

进入90年代之际，互联网兴起，计算机开始被运用于教学之中。1998年，NHK展开了一个全新的教育栏目：“网络学校：只有一个地球”（Internet School: Only One Earth），以互联网进行交互式教学。日本文部科学省(the Ministry of Education， Culture，Sports，Science and Technology，简称MEXT)规划，在2005年年底之前，全日本4万所学校都要实现宽带上网。如今，日本的学校都已充分运用网络资源。2001年起，NHK开始在网站上提供数字学习内容，将节目内容与短片放到网络上，在国际上得到好评，其中帮助三年级与四年级的小学生学英语的Eigorian栏目，于2002年9月获得意大利电视影展（ Prix Italia）奖项的肯定。（资料来源：NHK 50年特辑）

4. 创造“偶”明星

1964年，当全球关注日本东京奥运会的同时，日本儿童正疯狂地爱上另一个全然不同的事物，那就是NHK制作的“Pop-Up守卫岛”（Pop-Up Guard

Island）“偶剧”或称“偶秀”，NHK 创造了许许多多带给儿童梦想的偶，这些偶成为电视台重要的文化资产。偶秀为儿童节目提供了一种绝佳的表现方式。1956年，“堤若林村与胡桃树”（Tirolin Village and the Walnut Tree）节目以水果、蔬菜、动物的形象来设计偶，并以轻松有趣的喜剧形式来表现。这个节目大受欢迎，共制播了812集，到了1964年由“Pop-Up守卫岛”接棒，所创造的偶的人物性格，持续受到孩子们的热烈喜爱。

NHK“偶剧场”栏目的片头

以偶的形式说故事、演出甚至主持节目，成了NHK的招牌，这些偶的个性鲜明、造型可爱逗趣，一下子就能俘获小朋友的心。研究指出，儿童对偶的接受度高于对人的接受度。更重要的是，偶与人不同，不需要通过复杂的经纪合约留住它，更不会在受欢迎之后随即跳槽，也不会有闹绯闻的情况发生。儿童节目为了让家长放心，因而比其他类型节目更重视声誉。此外，儿童一旦认定的明星如果突然跳槽离开或转行，会给儿童带来很大的失落感，基于这几点，偶确实是儿童节目最乐于培养的明星。

5. 精致的幼儿节目

日本对学龄前儿童教育的研究，在东方首屈一指，开创了各种教学方式、学派与品牌。电视的幼儿节目也在全球电视史上创造了数一数二的高成本、高品质的纪录，其中，被称为最长寿的幼儿节目“与妈妈同乐”（With Mother）如今已陪伴三代人成长，不仅长期受到欢迎，还创造了无数的歌谣，成功开发了周边产品市场。如1999年的“丸子三兄弟”，就在此节目中蹿红，不仅幼儿喜欢，还打入了流行音乐排行榜，成为年轻人喜爱的歌手。

“与妈妈同乐”于1959年开播，是NHK第一个针对学龄前儿童的幼儿节目，主要针对2到4岁的幼儿。它结合了歌唱、舞蹈、偶剧、动画、游戏等丰富的舞台元素，启发幼儿的各种感知能力，至今仍吸引无数的幼儿收看，许多妈妈也深深被精致的内容吸引，真正达到亲子共同观赏的节目初衷。在日本的播出时段，是每天早上8点35分到9点钟，因此许多幼儿的一天就是从“与妈妈同乐”开始的。而在NHK世界台的海外播放频道上，则随当地时间而有不同的播出时段。在台湾是中午时段播出，虽是日文播出，而且没有中文字幕，却仍拥有不少观众，因为很多妈妈发现，小孩一看此节目就非常专心。也有一些工作中的妈妈在网上抱怨，这样的时段无法陪孩子一同观赏。可见，幼儿比较不受语言的隔阂，拥有较不受地域限制的特点。

“不是不是喔！”节目的场景

另一个针对0到2岁的幼儿节目“不是不是喔！”启用不到10岁的儿童作为节目主持人，以“小姐姐”带领一两岁宝宝的方式，教他们如何穿衣、吃东西、说话等，学习日常生活的各种能力，并在唱唱跳跳之中培养宝宝感觉统合的能力。为了符合幼儿的注意力时间非常有限的特性，节目时段仅有15分钟，每一个单元时间都很短，相当紧凑。单元由手偶、人偶与主持人共同演出，并穿插动画与歌唱，每一集都有一些宝宝参与，还不懂得已经“上电视”的宝宝，表现最为自然，望着摄影机或注视着镜头外妈妈的样子特别可爱。

6. 创意十足的青少年节目

日本第一个针对青少年制作的节目，是由NHK制播的“年轻人广场”（Young People’s Plaza），于1962年开播，其中最受欢迎的栏目，是讨论青年文化先锋的单元。此节目率先邀请许多具话题性的当红作家、艺术家、流行音乐制作人等名人上节目，像当时甫得到芥川文学奖的村上龙，活跃于70、80年代的日本经典乐团“Off Course”等等，他们在节目中诉说自己的创作过程，甚至将幕后创作的影片公开。这个节目长期受到青少年的喜爱，也成为各界名人乐于参与的优质节目。

1982年，另一档红火的青少年节目诞生。“You!”是专为10多岁青少年量身打造的节目，其节目制作团队阵容十分强大，个个都是创意十足、能捉住年轻人目光的知名人士：主持人系井重里从广告业出身，是一位曾设计任天堂游戏、从事散文写作的多面手创意人，主题曲则由著名的音乐家坂本龙一谱写，而片头动画是由以《阿基拉》闻名的漫画家与动画导演大友克洋制作。“You！”所呈现出的流行风格，有别于过去所有NHK制作的儿童节目，成功地打进了新新人类群。青少年节目通常被公认是儿童节目中最难掌握的一块，此节目连续播出了5年，它的成功给予NHK制播青少年节目的信心，使NHK勇于制作更多的青少年节目。

7. 高成本与高质量

儿童节目的策划与制作，需要对儿童心理、学习方式等各方面进行长期研究，前期投入的成本大于所有其他类型的节目。在制作上，儿童的专注力有限，因此节目内容必须相当紧凑，再加上需要大量的歌唱、音乐等创作，因此制作成本相当高。从NHK的节目预算分配来看，即可发现高质量的节目确实需要高成本打造。根据《NHK平成19年收支预算与事业计划》：2007年，一集25分钟的“与妈妈同乐”制作费为320万日元，育儿节目“孩子成长茁壮”一集30分钟的制作费为290万日元，一集44分钟的“最喜欢科学”制作费为780万日元。

以教育为目标的节目很容易枯燥乏味，如何制作寓教于乐的儿童节目，在世界各地都是广播电视创意人的一大挑战。儿童节目的创意，既要天马行空，又要符合家长的期望。此外，每一年龄层的儿童都有不同的心理状态与需求，儿童节目其实在每个年龄段都是一门专业。日本在儿童节目上的成就备受推崇，这背后除了专业制作团队的努力之外，重视儿童教育并真正落实执行的国家政策与全民共识更是成功的关键因素。

NHK教育类节目开播时间表

1953	电视教学节目开始播放：
	小婴儿的百宝盒（Toddlers' Treasure Box）
	动物王国（Animal Kingdom）
	儿童时间（Children's Hour）
	Tamamomae 偶秀
1956	堤若林村与胡桃树（Tirolin Village and the Walnut Tree）偶剧
1959	与妈妈同乐（With Mother）
1959	教育频道开播：
	理科教室（Science Class）
	成长（Growing Up）
	电视旅游（TV Touring）
1960	三只小猪（The Three Little Pigs）偶秀

1961	大家的歌（Song for Everyone）
1961	工作者（Men at Work）、《每日生活》（Daily Life）社会学科节目
1962	年轻人广场（Young People' s Plaza）青少年秀
1964	Pop-Up守卫岛（Pop-Up Guard Island ）偶秀
1972	时光机（Time Travele）NHK第一个针对儿童制作的连续剧
1975	我们的绿色星球（Our Green Planet）环境教育节目
1978	600情报台（Information Desk 600）
	名侦探柯南（Future Boy Conan）动画
1979	小公主（Little Princess） 偶剧
1982	You！青少年节目
1985	人类家庭（Human Family） 通识教育节目
1993	天才儿童（Whiz-Kids TV）
1993	忍者乱太郎（Ninja Boys） 动画
1994	儿童新闻周刊（Weekly News for Children）
1996	洛奇与她的朋友们（Rockie and Her Friends）
1997	顶尖赛跑者（Top Runners）
1998	网络学校：只有一个地球（Internet School: Only One Earth）
2000	青少年辩论（Teenage Debate）
	Eigorian（英语教学节目）
2001	Okome: The Life Story of Rice Human History of Japen

第三节 小结与启示

日本的媒体业是一个高度竞争、精益求精的产业，它在亚洲居于龙头地位，拥有许多可以借镜学习的地方。日本的电视节目形态变化多端，支撑电视台的两大类节目——戏剧与综艺都有自身的特色，并且在动画与儿童节目上大放异彩；其主要的成功因素可归结为三点：完善成熟的产业链、推陈出新的创意以及高质量的要求。

一、完善成熟的产业链

日本媒体业拥有庞大的国内市场，多年来发展成一个完善成熟的产业链。统计报告显示，日本人平均每天有5小时花在看电视上，居全世界之前列；而其媒体在全球广告收入的排名中位居第二，仅次于美国。2005年日本媒体广告收入为59 625亿日元，其中电视广告收入为20 411亿日元，位居第一。日本的电视产业在广告收入的支持下，得以高成本制作高质量的节目，形成良性的循环。

同时，日本有许多与电视产业相关的事业成为它背后强大的支撑，例如培植偶像或笑星等各类型表演人才的经纪公司，以及在全球拥有最大规模的动漫产业等等。前者源源不绝地提供幕前演出人才，后者则成为剧本与灵感的来源。

二、推陈出新的创意

在节目类型方面，日本电视业不断推陈出新，无论是谈话类节目、综艺类节目，还是各式各样的休闲性、竞赛性节目，都经常有令人惊喜的创意，有些节目为其他产业或个人带来很好的宣传效益，比如通过电视选拔各行各业能手的著名竞赛类节目“电视冠军”，每一集锁定一项技能，有时是一个行业的某种专业，如西点蛋糕、建筑改造等等，有时则是看来不显眼的技能，如大胃王、搬家王等等。参赛选手必须通过层层选拔，最后诞生一位冠军选手。还有许多既有娱乐性又具励志性的节目，例如“抢救贫穷大作战”让贫穷的家庭学习一项技能，以达到改善收入的目的，学习中会经历许多严酷的训练，宛如一部呈现家庭奋斗史的纪录片。

此外，日本人的性格通常是比较专注与认真的，他们从小就被灌输一种应尽全力将事情做到最好的观念，并且凡事以团体为重，尽管压力很大并且也可能造成过度压抑的性格，但“一生悬命”（日语，意为“拼搏”，十分形象地表达出一生都要奋斗的意味）的工作态度使他们得以维持高度竞争力。因此，无论是电视节目或各类商品，日本往往以细节取胜。电视台在讲究节目形态的创新之外，更重要的是细节的执行。难能可贵的创意，就隐藏在每一个细小的环节里，这也是为什么一味抄袭节目类型很难有所成效。

“抄袭”不仅行不通，而且是创意的杀手，若想学习别人的长处，合作是有效的途径之一。在电视剧方面，有所谓的“合作三步曲”：翻拍、联合编剧、合作拍片；而其他类型节目也有各种合作模式，例如：台湾的儿童频道东森幼幼台在创台之初就与NHK“与妈妈同乐”合作，共同打造台湾版的“与妈妈同乐”，节目名称为“YOYO新乐园”。合作方式是，由日本提供节目素材如歌谣、偶剧等，并由日本制作人率顾问团到台湾指导节目制作与主持人的训练工作。此节目成为东森幼幼台的招牌节目，多位主持人与“偶”受到小朋友的喜爱，东森幼幼台于是成了许多儿童看电视的不二选择。节目延伸出许多周边效益，节目中的主持人与“偶”一如当红的偶像明星，各地活动邀约不断。一个节目的成功可以让一个频道独霸一方，原本被认为会赔钱的儿童频道，一下子成为东森集团除购物频道之外，最有利可图的频道之一。

三、高质量的要求

为达到高质量的要求，除了学习他人长处之外，更重要的是挖掘自身的特色。每个民族都有自身的特色，在学习别人时，不能一味狂抄，而应发扬自己的长处。日本的民族特性与市场需要，发展出无人能及的搞笑事业，搞笑艺人与搞笑事业是日本文化的一个特色。中国并没有像日本一样的搞笑艺人，笑星也比较缺乏。但同样的搞笑方式，在中国不一定会受到欢迎(如日本搞笑艺人惯用的摔跤、撞墙等表演方式，不一定能引起中国人发笑)。然而，中国也有自身的特色，如俗称武打演员的武星，就是中国演艺界宝贵的人才资源。他们与搞笑艺人一样，从基本功练起，个个拥有一身好功夫，依自身特质，完全可以往逗趣或偶像等方向发展，在大小屏幕上发光发热，并继而走向国际舞台。

在海外拓展方面，有好的节目才有机会在海外引起反响。节目的输出，同时也是文化的输出。值得研究的是，我们输出的电视节目向海外传播了什么样的流行文化？是否能带动消费，甚至更进一步达到文化认同？文化输出的宣传效益与认同感的提升，从另一个角度看，价值更胜于版权获利。我们应该思考的，不仅是如何发展有特色的内容，而且是如何对自身资源进行开发，在已有的深厚根基上发挥创意，如眼前的武术事业不就是一块别人没有的璞玉吗？

思考题

1. 什么样的喜剧能令你发笑？日本的喜剧特色是什么？中国的喜剧有机会迈向国际吗？哪些外来的喜剧可以跨越文化藩篱，取得国际市场？
2. 中国的偶像剧与日剧有什么异同之处？如何才能像日剧一样打入国际市场并带动流行文化？
3. 透过日剧，我们认识了一个既真实又梦幻的日本，而其他国家又透过什么渠道认识我们？我们输出的电视节目向海外传播了什么样的流行文化？
4. 日本电视的教育节目，给我们以哪些主要启示？

第五章

冲击世界的“韩流”
——韩国电视业

第五章　冲击世界的“韩流”——韩国电视业

第一节　韩国广电业概说

一、地位

韩国文化观光部部长南宫镇说过这样一句话：“19世纪是军事征服世界的世纪；20世纪是经济发展的世纪；21世纪是以文化建立新时代的世纪。”在韩国的发展战略中，文化被定位为21世纪最重要的产业之一，而不仅仅视为消遣娱乐的手段，或仅仅作为与世界交流沟通的工具。韩国政府的最终目标是，把韩国建设成为21世纪的文化大国、知识经济强国。

依托国家的文化产业战略和计划，1997年之后，韩国政府提出“文化立国”的国策。到2004年，韩国的文化产品已经在世界市场上占3.5%份额，成为世界第五大文化产业强国。

1999年，韩国政府制订了《文化产业振兴基本法》，规定：政府、广电法人、广播电视台可采取基金贷款、专项财政贷款等形式，对独立制作社等机构的节目制作从资金上给予扶助。并专门设置了“文化产业基金”、“广播振兴基金”，对独立制片机构、投资公司、动画制作社和有线电视节目供应商等提供资助。同时，对国内影视产品出口海外，在税收、资金等方面也有相应的优惠和扶持。这项基本法，还规定了文化产业的内容、文化贸易流通的定义和知识产权保护的义务，确定了文化产业的统计调查，新增了消费者保护的规则。

在韩国的电影、广播电视、游戏、动漫、音像等各种文化产业中，广播电视产业占据的地位非常重要。近年来，这一产业发展迅猛，其电视节目出口额1999年为761.5万美元，2001年增至1 235.6万美元，2002年增至1 639万美元，2003年又上涨到4 300万美元，2004年则猛增为7 146万美元，几乎是成倍的增长。这一系列数据，表明韩剧的品牌传播产生了巨大的市场利润，是文化产业化成功的范例。不仅如此，韩剧的热销，还推动了其他相关文化产品的销售和传播。韩国官方数据显示，2002年，包括出版、音像、游戏、旅游、教育、广告等与韩剧相关的9类文化产品销售规模为327亿美元，2003年达429.29亿美元，至“韩流”鼎盛时期的2005年，韩国电视剧出口额达到1.162亿美元，2002～2005年的平均年增长率为89.7%。但是，从2006年起，情况发生了变化，主要原因是韩国国内影视产业的无秩序竞争，以及包括中国在内的亚洲国家文化产业政策的变化甚至抵制，导致“韩流”的核心构成即电视剧的出口额下滑至8 589万美元，比2005年减少了15.5%。① 但尽管如此，韩国的文化产品，包括电视剧在内，其强劲的实力和潜力不可低估。

二、特点

韩国的广播电视产业有以下几个特点：

1. 国家从战略和策略上支持广播电视产业的发展，制定了一系列有利于产业发展的政策，完善了组织管理机制和相关法律法规。

自2002年起，韩国政府设立了“出口奖”，由文化观光部和文化产业振兴院从过去一年的出口产品和单位中评选出10个奖项。这一奖项对韩剧的外销有很大的鼓励作用，如曾获得韩国政府授予“出口特别奖”的电视剧《蓝色生死恋》，其制作公司除资金外，还获得了国家在国内外经营与出口方面提供的多种优惠措施。

韩国推行放宽规制、扩大私营领域等政策；制订新的《广播法》，将韩国广播电视委员会从政府部门独立出来，重组为一个民间性的公共机构；进行广电业结构调整，推动制播分离，发展有线电视和卫星电视。其具体举措有三：一是实行节目配额制、扶持独立制片商、发展有线电视和开发卫星电视，都以法规为依据；二是遵循市场规则下的专业分工和竞争机制，进行结构调整，以渐进的方式刺激节目需求，引入新媒体，激活市场竞争；三是法律本身比较多地容纳了市场规律的要求。

与电影一样，近年来韩剧在国内外市场上创造佳绩并非偶然。首先，韩国政府的文化产业政策和相关法律，为韩剧的繁荣创造了良好的外部条件。为了有充足的资金投入以保证电视剧的质量，韩国政府作出如下规定：电视台必须把40%以上的电视剧广告收入用来投资电视剧，而从电视台获得资金进行拍摄的电视剧制作公司也只能留下10%～15%的利润，其他必须全部用于电视剧的制作。另外，由于韩国电视剧的制作与播放形成了一种稳定有序的关系，因此，韩国电视

① 李大武：《“韩流”的成因及其发展趋势——兼谈影视文化产业》，《剧作家》2007年第4期。

剧演员的片酬普遍不高，这也保证了韩剧在国内市场的垄断地位。韩国还实行了严厉的文化保护政策。根据政府规定，KBS、MBS、SBS三大电视台都不能播放中国的电视剧，因为此前的2002年，《还珠格格》的热播曾影响了其他韩国节目的收视率。在出口政策方面，为了鼓励制作者将电视剧批量销售到海外，政府规定，电视剧的海外收益由电视台和能够把电视剧推销到海外的制作者按4/6至6/4分成，同时，销售业绩良好的电视剧还可以在文化产业振兴院的帮助下申请免税。这无疑极大地提高了制作公司进行海外销售的积极性。由上可以看出，韩剧的崛起始终离不开政府的强力推动。

2. 韩国广播电视产业非常注重营销机制。

韩国的发行人参与国际节目市场已经有10多年之久。2005年的戛纳电视节上，他们组织了韩国专场（由韩国电视委员会与韩国文化旅游部赞助、支持），展示并推销了韩国电视节目。

同时，韩国电子公司，如三星和LG，在其录像机和高清电视机的展示片中播放的是韩国的电视剧或电影。韩国的节目也免费提供给各国电视台，以此获得观众，这也构成文化交流的一种方式。

在韩国，电视剧一般集中在上午和晚上两个时间段放映，这是因为考虑到主妇们的作息习惯而设定的。这样，从消费者需求出发，针对特定观众所制作的电视剧就能受到更多的欢迎，取得更好的效果。只有确立了明确的目标观众，观众的接受需求才能得到满足，相应的品牌传播才是卓有成效的。

2002年11月，文化观光部在汉城（今首尔）举办的“数字化文化暨广播影像展览会”，有24个国家250个单位6 000余人参展，共签约1 200万美元。

3. 韩国广播电视产业尤其注重韩剧的市场化运作，侧重海外市场的开拓和发展。

自从20世纪以后，韩国的电视剧也是异军突起，每年都会有收视率超过50%的作品出现，像《爱情是什么》，在韩国收视率曾高达64.9%。同时，韩国电视剧不仅国内市场火暴，而且出口额也在持续快速增长。根据统计，2001年，韩国的出口额约为790万美元，2002年约为1 639万美元，到2003年，韩剧出口额已占韩国电视出口产品总收入的86%，成为韩国电视产业最大的输出品。2004年，其出口额再创新高，达到了7 140万美元，由出口额的飙升，不难看出国外市场对于韩剧的接纳和欢迎态度。

在中国大陆，1997年“央视”首播韩剧《爱情是什么》，就创造了高达4.2%的收视率，此后，《澡堂老板家的男人们》、《蓝色生死恋》、《看了又看》、《冬季恋歌》、《人鱼小姐》、《加油！金顺》、《明成皇后》、《黄手帕》、《大长今》等剧相继在各频道热播，收视率都居高不下。根据《中国电视剧市场报告》显示，在2002年中国大陆播放的海外电视剧中，韩国电视剧数量最多，共达到67部，2004年，又增加了104部。新浪网2005年曾发起一项关于韩剧的调查，在参与调查的50 535人中，有超过80%的观众喜欢看韩剧，在“喜欢中国剧、欧美剧、日剧还是韩剧”的擂台比拼赛上，韩剧也以49.92%的绝对优势排在首位。在日本，2003年，韩剧《蓝色生死恋》播出后，立刻引起轰动，接着NHK电视台史无前例地重播了两次，结果收视率不降反升，由10%上升到14%，大大高于其他电视剧。

在台湾，2000年播放的《蓝色生死恋》创下了八大电视台播放韩剧的最高收视率，虽经多次重播，收视率仍高居榜首。此后，《顺风妇产科》、《坏家伙》、《亲爱的半月熊》、《大长今》等韩剧几乎垄断了台湾各大电视台的黄金时段，以至于严重威胁了台湾国语电视剧的生存，结果，以韩剧《玻璃鞋》的播映为导火线，还引发了台湾演艺界人士的集体游行抗议活动。由于韩剧在台湾地区风行，其销售价格也在不断攀升，最初几集只有几百美元，最后上升到每集最高1万美元。台视以24万美元购得《玻璃鞋》的播映权，这一价格创造了台湾购买电视剧版权的最高纪录。

在香港，无线电视台播出《大长今》“大结局”时，平均收视47点，最高收视50点，收看观众人数多达321万，差不多占香港人数的一半。而一套售价200多港元的文字版的《大长今》漫画，在香港一上市就成为抢手货，畅销一时。除了日本和中国的内地、香港及台湾，韩剧在世界其他地区也产生了影响，像《星梦奇缘》已经超过了中国和东南亚播到了蒙古、乌兹别克斯坦、墨西哥等国家。《蓝色生死恋》也在泰国、新加坡、越南、埃及等地区成为了最受欢迎的电视剧。

韩剧的制作也实现了高度的专业化和市场化。韩国的电视剧主要由电视台制作完成，近年来也出现了一些独立的公司参与电视剧的制作。无论是电视台还是制作公司，其制作流程基本是相同的，即：制片人策划——选择编剧、导演——选择演员——选定名称——练习剧本——拍摄外景——剪辑——后期录音——选择内景、同时剪辑。其拍摄周期一般为两年半。当然，为了追求效率，这一制作流程并不是一成不变的，而是可以根据需要灵活掌握。对于韩剧的制作来说，编剧的地位举足轻重。在制片人选择编剧之后，编剧的工作就一直贯穿于电视剧制作的全过程。开始阶段，编剧与制片人及导演一起确定主题，设计制作方法，接着由编剧写好剧本梗概，制片人和导演据此制定拍摄计划，然后编剧开始写作剧本，剧本定稿后，编剧并不退出制作队伍，而是参与挑选演员、选定片名、 排练剧本等各个环节的工作。

韩剧市场化的一个重要表现是高度重视观众的感受。一般来说，编剧仅写好故事的1/3，电视剧就开拍了，后面的内容则根据观众的意见进行创作并随时可以修改，编剧还经常通过各种方式把已经写好的部分剧本公之于众，以便征询大家的意见加以改进。由于编剧在整个制作过程中所起的突出作用，其报酬非常高。著名编剧的片酬甚至超过明星，要以亿（韩）元来计算。目前，韩国有700名职业编剧，竞争非常激烈，编剧之间的收入相差也极为悬殊。韩剧专业化、市场化的另一个重要体现是电视剧类型的细分，古装剧、现代剧、时代剧、家庭剧等等，每一种类型都有专门的导演和编剧。

再次，从内容方面看，韩剧既表现了韩国传统儒家文化的神韵，又融合了现代流行文化的元素，因而受到国内外观众的普遍欢迎。家庭伦理剧作为韩剧的主要类型，之所以在亚洲的儒家文化圈独领风骚，文化认同的力量不可低估。一方面，韩剧细腻的风格、缓慢的节奏、平凡的题材、类型化的任务、模式化的情节及道德化的诉求都与古老的儒家文化结合得水乳交融，使在快节奏的现代社会中奔忙的人们很容易从中得到一种心灵的安慰和情感的舒解。另一方面，韩剧中那些俊男美女、明星偶像，又充满时代气息，极大地满足了现代人追逐时尚的心理欲望。由此，韩剧就做到了老少皆宜，从而真正成为了大众艺术。

除此之外，演员的敬业、舆论环境的宽松、先进技术的采用、后期制作的精益求精、对于外国经验的吸收借鉴也都是韩剧获得成功的重要原因。韩国电视剧演员很少赶场，为了保证演出状态，他们基本都是长期驻扎在一个剧组，这对于演员细心揣摩人物，提高演出质量是非常有帮助的。韩国的媒体为了保护本土剧，一般都对其进行正面宣传，实际上起到了一种良好的广告效应。韩剧拍摄时采用高清、阿莱灯等先进技术，使画面极为精致。同时，后期制作不惜花费大量时间和资金，务求尽善尽美，这些都使韩剧的质量有了根本保证。

第二节 经典案例透析

一、《大长今》透视

由韩国MBC电视台打造、金荣昡编剧、李炳勋导演的韩国大型历史电视剧《大长今》，是一部非常成功的电视剧集，即使在盛产各种韩剧的韩国本土，也引起了很大的轰动。该剧是韩国第一部突破50个百分点收视纪录的电视剧，并以平均47.8%的成绩，勇夺2004年度韩国收视率第一的宝座。同时，韩国女生部（类似中国妇联或民政部性质）颁发“2004男女平等大奖”给《大长今》，表彰它在宣扬女性自主自强方面的突出贡献，同时把它标榜为第一部真正意义上的韩国国民剧。有30%的韩国观众在《大长今》结束后的两天内不看电视，也不知看什么好，《大长今》不仅倾倒了大批女性观众，连众多男性也加入了观众这个行列。

《大长今》剧照

《大长今》不仅在中国、东南亚等地热播，甚至在文化迥异的美国等地播出时也屡创收视奇迹。根据美国芝加哥某报报道，芝加哥地区中产阶层白人们，每周六晚聚集于咖啡馆，集体观看《大长今》。纽约、西雅图、夏威夷、加州等地也有很多韩剧迷。

《大长今》在韩国国内外的播放以及复制发行权，使其到2005年6月底为止，已经为MBC电视台赢利333万美元。

《大长今》的成功只是一个偶然现象吗?

事实上，经过长期的研究和推进，韩国的电视产业已经有一整套打造品牌“韩剧”、并有策略地进行国际营销的方式。而《大长今》，不过是其成功运作的一个典型代表。

首先，国内的美誉和良好的收视率，使《大长今》在对外输出的时候有了良好的宣传基础。在国内获得品牌效应后，该剧的策划人员迅速在韩国举办国际影视文化展，邀请国际知名影视明星、文化名流出席，在展会上重点推介《大长今》，并赠送《大长今》相关音像制品，在全球迅速扩大其影响力，并且，策划让包括大长今的扮演者李英爱在内的演员扮演各种亲善大使、形象小姐，到世界各地巡回活动。

《大长今》对外的营销机制，是富有商业策略和机智的，归纳起来，可以称之为“以点带面”。“第一点”——香港，带动“面”——中国内地。随着香港无线电视台成功包装《大长今》并热播，中国掀起“大长今热”；“第二点”——日本或美国芝加哥，带动“面”——欧美。通过日本NHK电视台对《大长今》一年的热播，以及美国芝加哥电视台的破例首播，《大长今》在欧美中产阶层的生活圈悄然传播开来。

针对不同地域的具体情况，《大长今》的营销商根据各地特点，采用不同的营销方式。《大长今》在中国内地实行的是总代制：中国内地的播映权和音像版权，被湖南电视台以2 000万元的高价买得，也就是说，大陆其他电视台如果要播《大长今》，就得从湖南电视台购买。这种营销方式，确定了高端的市场价格路线，以确保出品商和“经销商”丰厚的利润以及广阔的炒作空间。播映后，韩剧《大长今》风靡整个中国，湖南卫视的广告赢利便达6 000万元。

《大长今》的运营商非常善于利用本土化的二次包装。譬如，允许引进方按照本土文化的方式对作品进行再包装。各国可以根据自身的需要，对剧中的主题曲、插曲、配音进行本土化的提炼，民族化的再加工、再包装，也可以改编成为歌剧、动画片。这种“韩剧汉化”的可能性，为《大长今》增加了不少容易流行的本土元素。香港翡翠台（TVB）在引进《大长今》后，就进行了韩剧汉化的艺术包装，除了重新用粤语为该剧配音外，更令人赞叹的是，它甚至为引进版的《大长今》谱曲填词，由著名词作家林夕填词、陈伟谱曲、陈慧琳主唱的主题曲《希望》（粤语版），还有于光中填词、陈伟谱曲、张韶涵演唱的插曲《娃娃》（国语版），以及由林保怡演唱的片尾插曲《思念》等。这种允许民族化包装的做法，使《大长今》的传播更为顺畅，直入人心。

从韩国电视产业本身的特点来看，韩国政府制定的一些政策，是《大长今》这样的电视剧能取得一系列成功的前提条件。

韩国政府规定，电视台必须把电视剧广告40%以上的收益用来投资电视剧，事实上，这是一种比较垄断的、以国家政策为支柱的制播分离政策。在韩国，电视制作公司在投入了自己的剧本以后，就可以因被电视台选中而获得比较丰厚的制作资金。一般来讲，现代剧是8万～12万美元/集，这些钱不能作为暴利据为己有，一般只能有10%～15%的利润，其他的部分必须用在制作上。这就使得电视剧有较高的资金来投入运作，也保证了拍摄的质量。韩国有三大主流电视媒体——以KBS、MBS、SBS为代表的无线电视台。《大长今》的投资方是MBS电视台，MBS投入《大长今》的制作费用达到30亿韩元（相当于2 500万元人民币），《大长今》的成功，也是在资金雄厚的前提下，MBS能聘请最好的演员、最好的导演、最好的编剧倾力打造的结果。

韩剧在制作上的一个特征，就是韩剧的运作非常注重市场化，积极与观众沟通互动。一般在韩剧的剧组开机时，剧本并没有完成，编剧只写了其中1/3的剧本，后面的部分则在拍摄过程中，根据观众的观剧意见，随时修改故事的走向。

编剧不断拿出已经写好的部分和观众座谈或发布到网上，制片方也及时做民意调查，按照观众反应来修改、调整剧情，对观众喜欢的情节，就浓墨重彩有意铺陈，对观众不接受或不满意的地方，就大刀阔斧地裁减。

在《大长今》中，关于长今和闵政浩的爱情，编剧金荣昡和导演李炳勋曾经针锋相对，前者希望他们相爱，后者则非常计较历史的真实——皇上的女人怎么能和别人相爱？根据历史，那时的朝鲜，皇宫内所有的妃嫔及宫女均属内命妇，一朝为宫女，终身是皇上的女人，一生不能婚嫁。韩国的影视编剧以女性为主，而它诉求的对象70%是女性。经过观众调查，大部分女性观众的观点占了上风，她们一致认为，长今与闵政浩必须相爱。因此，在电视剧的后半段，两人的感情明显升温，这就是观众的功劳。这种完全以观众为本位的制作方针，能更有效地捕捉观众的收视心理，投其所好，自然能赢得最大范围的观众的喜爱。

富有创新意识的韩国MBC电视台中心主任，人称“长今之父”的李殷诖，在谈起成功秘诀时说，最重要的是故事主题能否给观众全新感觉，新鲜感是最重要的。从故事本身来看：《大长今》的人物塑造丰富，剧情跌宕起伏，由头至尾塑造了有血有肉、有名有姓的人物多达几十位，其中主要人物16位，分为忠、邪、中立三类，他们在戏里一直扮演着重要角色，直至剧终，每一位角色都全心全意地尽情发挥。而围绕着“大长今”这一主要人物的命运，又充满了曲折和坎坷，可谓峰回路转，柳暗花明，使观众对整部剧集欲罢不能。

《大长今》在中国深受欢迎，还有着文化、历史原因。对中国观众来说，由于中韩深厚的历史渊源，韩剧对中国人特别具备亲和力。古代和近代历史上的朝鲜半岛，举凡礼制、政治制度、经济、科技、艺术、风俗等，均深受中国儒家文化的熏陶。自新罗、高丽王朝以来，“虽域居海岛，然禀受正朔，尊奉儒学，乐律同和，度量同制”，他们以背诵中国古典文学的章句或吟咏中国诗歌而自豪。李成桂朝的名臣徐居正曾作诗云：“明皇若问三韩事，文物衣冠上国同。”韩国风俗也类似中国，“崇尚信义而笃儒术，衣冠制度悉同中国。”① 这一切，都体现在《大长今》中，剧中的大长今不但熟知中国长城，而且她的若干人生转折时刻的决策和反映，都透露出其熟读《论语》等中国古代书籍。长今考试，所出的题目一是《三国演义》中的“鸡肋”口令，一是《孟子》中的孟子初见梁惠王时两人的对答之语。另外，长今的医术就是从中国传至韩国的中医之术。文化的同源，使《大长今》在中国乃至亚洲受到了极大的欢迎。《大长今》热播后，我们的受众处于心理开放的状态，这个时候，韩剧的美誉度和韩国产品实现了品牌置换，把韩国许多产品带动起来，又掀起了一轮“韩流”的高峰。

① 来自 http://cn.bbs.yahoo.com/message/read_-Y2hhbmdqaW4=_15272.html。

丰盛的韩国料理

就像《大长今》剧中的台词所说："诚意和时间，这就是秘方。"韩国人在打造电视剧集时，也非常用心，在所有细节上都极为讲究，极富商业诚意。《大长今》为了更好地拍摄御膳，特别邀请了一位专门研究并擅长做"朝鲜王朝御膳"的御膳研究员暨传统糕点教育院院长韩福丽女士，她配合写好的剧本，在摄影棚的一角将御膳料理做好上桌。演员更是努力达到表演的细致真实，为扮演好长今，开拍前半年，李英爱就开始努力学习针灸等技巧。

《大长今》的导演李秉勋希望能吸引年轻人看韩剧，因此在服装和音乐上都非常在意，虽然是古典题材，却努力加入时尚的元素，音乐中还有HIP-POP的元素，让年轻观众在不经意中被音乐所吸引。为了让韩国年轻人更好地了解、继承传统的文化，制作的电视产品看似传统，其实借鉴了最新的东西。

李秉勋还提出了韩国无形文化产业的概念，提倡花大力气去保护那些看似无形的文化遗产。韩国现在已花大力气设立了无形文化财产厅，专门管理无形文化财产，如韩国传统的说唱、假面舞、摔跤、拳击、韩纸艺术、宫廷御膳、魔术、礼仪、传统医药等，并对每项无形文化财产及掌握该绝活的民间艺人都编号管理，甚至对那些已步入老年的顶尖级重要无形文化人采取特殊政策：这些老艺人及他们所带的徒弟，即使不曾上过大学，只要愿意，便可得到大学学历并被授予学士学位。《大长今》里，这些通过服饰、饮食、医药、礼仪等表现出来的韩国传统文化，都是那样精致，充满章法，唯美且原汁原味。看起来是虚拟式的制作，但制作过程都是有根据的，这些宫廷料理的配方、烹调方法，就是以被登记为韩国38号重要无形文化遗产为基础的。

《大长今》另一个成功的原因所在，是跨文化传播中的文化创新，主要表现为：在传统文化的基调之上，吸收西方文化的精髓。从某种角度看，这种创新也表现为西方文化提倡的自由与个性张扬。韩剧强调个人为核心，个人对自由、自主、成功、成就的极度渴望，受到尊重和肯定，并被视为最荣耀和最神圣的美德。在现实商品社会中，每个人都在寻找奋斗的目标和方向，《大长今》符合了鼓励个人奋斗的时代心理。作为一部传统的东方剧集，《大长今》也获得了西方人的认同，其文化创新的因素不容忽视。

从《大长今》中还可以看到韩国影视产业链的成功。通常，一部韩剧的收入来源有：广告收益、有线电视收费、境外发行、网络视频点播以及商业赞助，其衍生产品包括音乐、商品的广告推销、竞赛或游戏、旅游观光等。《大长今》的收入来源就包括广告、视频点播、DVD、品牌销售、境外发行和手机互动等。

韩推出“大长今”号客机投入中国等航线

“大长今”客机的外形

《大长今》所播出之处，皆引起一股韩国热，电视产业带动了相应产业的良性发展。这种韩国热有：韩国饮食热——《大长今》中繁花似锦般的御膳，引发了观众对韩国饮食本身的关注，使韩国餐厅火暴，各种韩国泡菜和食品也见诸寻常人家的饭桌之上；韩国衣饰热——《大长今》的精致衣饰，使富有韩国特色的服装和饰品风靡一时，成为时尚的标志；韩国音乐热——《大长今》中优美的音乐，引发了韩国流行音乐在中国的一次热潮；韩国旅游热——负责拍摄该剧的MBC电视台，将位于汉城（今首尔）近郊的拍摄现场保留，包装成占地约2 000平方米的“大长今公园”，游客络绎不绝，还有该剧主要拍摄地——韩国全罗南道的乐安民俗村、智异山、潭阳潇洒园等，都成为韩国游的热点，同时建立的另一个外景地是“韩国民俗村”，占地99公顷，生动再现了李朝不同阶层的生活场景，包括民宅、官宅、农宅、书院、中药店、书塾、铁匠铺子。针对此，世界各国旅行社都专门开辟了“大长今”精品路线游。

“只要付出的努力能够给别人快乐，美好就会应运而

第100届巴黎流行时装交易发布会上的韩国专场演绎浓郁的长今味

长今饰演者李英爱受到影视迷的狂热追捧

生。”正如《大长今》的这句台词一样，《大长今》的电视剧集体现的是韩国电视产业的智慧和策略。《大长今》电视剧在对外传播的途径中，也将一个美好、坚韧的民族形象传达到四面八方。就像在韩国的电视剧中表现出来的一种执著向上的精神，催人奋发。大长今的有心、努力和永远怀抱希望，给人力量。《大长今》里韩尚宫还说过一段话：“以前我教你的只是料理技术，如果你超越不了技术范畴，就永远达不到出神入化的境界，就算你成为最高尚宫，也不过是个才华出众的人。出神入化何其不易！它取决于心术，从现在开始，你要战胜的对手就是你自己。”这些鼓励斗志的台词，也是此剧能够深得人心的重要因素之一。

《大长今》主题公园一角

二、“创汇23亿美元的男人”——裴勇俊

《冬季恋歌》剧照

裴勇俊似乎是一个寻常的韩国男子，外貌清秀，始终戴着眼镜，谈不上格外英俊。他22岁开始拍摄电视剧，入行时间并不算早，10年来才拍摄了10部电视剧、2部电影，也不算多产。他在韩国原来甚至也算不上一线明星。但他2001年主演的《情迷大饭店》和2002年主演的《冬季恋歌》在日本等国热播后，名气一下子变得如日中天，他在亚洲的影迷成几何级增长，尤其在日本，媒体甚至这样评论：“裴迷已经成为一个社会现象。”

人气逐渐上升的裴勇俊迎来了自己事业的黄金时代，并创造了非凡的“裴勇俊效益”。他的“人气”带来了大量的商业价值。《冬季恋歌》的播出以及裴勇俊在日本的号召力，仅2004年一年，就为韩国经济创下超过10亿美元的收入。根据Dai-ichi生活&经济研究所公布的调查结果，包括以裴勇俊的形象为模特的商品销售和因参观电视剧拍摄地而增长的日本游客人数，年终总效益达2.3万亿韩元。2004年12月，《纽约时报》将裴勇俊称为“创汇23亿美元的男人”。新加坡在网上竞选世纪海啸的“赈灾大使”，裴勇俊以120多万票当选，被投票的还有成龙、李连杰，而这三人票数之和已占全部票数的93%以上。近几年来，裴勇俊为韩国创造的收益超过23亿美元，可谓韩国电视产业的一大奇迹。

2005年，裴勇俊的写真邮票在日本发行，韩国邮票的对日出口赢利达到了140万美元。而仅在一年前的2004年，韩国对日邮票出口额还是零。韩国经济研究院的一份报告认为，“勇君经济效果”本身就超过29亿美元，其中为韩国旅游业创造10亿美元收入，相关产品出口到日本赚取约19亿美元。拍制裴勇俊出演的电视剧《冬季恋歌》的外景地，一个私人拥有的小岛，每天接待的游客量数以千计，光门票收入即让小岛的产权所有者赚得盆满钵满。“勇君经济效果”成为韩国文化产业所取得的突出成就的一个缩影。《冬季恋歌》在日本的热播，还带动了旅游、音乐、出版等产业的发展，从2003年开始，日本的旅行社与裴勇俊的经纪公司联

裴勇俊的漫画

《冬季恋歌》拍摄地成著名景点

系，设计了一条《冬季恋歌》之路，景点即为《冬季恋歌》的拍摄外景地，此后，每年都有超过10万人次的日本游客到此旅游。在音乐方面，《冬季恋歌》的原声音碟在日本的销售量已超过100万张，由电视剧改编的小说则售出了120多万册。总之，《冬季恋歌》在日本市场上取得了巨大的成功，其制片商通过出售播映权以及DVD和唱片版权等，共创造了220亿韩元的收益，其间接经济收益则超过了2万亿日元。

几个投资商在釜山电影节上达成共识，特别针对日本的电影市场，为裴勇俊量身定做一部电影《外出》，裴勇俊拍摄《外出》的时候，很多日本人到《外出》的外景地三陟看他，吃一家小店里他喜欢的盒饭，并且在店里给他留言。当地有关部门也充分利用这一资源，凡是和《外出》相关的场景都保留着，花1万元可以去参观裴勇俊住过的房间。《外出》上映后，单是在日本的电影票房就达到了7亿人民币。

裴勇俊为人谨慎，很少绯闻，不大与媒体合作，不愿意参加综艺节目，甚至不像其他韩国明星那样整容，总的来说，走的完全不是一般偶像的道路。那他为什么能够大红大紫呢?

裴勇俊与很多明星不同的是，他为人非常低调，不张扬自己。在2004年之前，在长达10年的演艺生涯里，裴勇俊从来不接受任何媒体的采访，他只作为屏幕上的电视角色存在。那些韩剧的主题，都是“爱”，在10年的角色磨炼中，学习了爱，研究了爱，凝练了爱，使他成为爱的象征。

与为人处世的低调相比，裴勇俊非常注重影迷，他尊重自己的fans，绝不敷衍他们，而让他们感受到他的爱和感激。通常的影迷见面会，明星都是站在舞台的聚光灯下，而只有裴勇俊上台10分钟，就说：“请把聚光灯打到观众席上，我想看看我的影迷。”他的换位思考，令影迷倾倒。

他非常聪明，知道在合适的时候化解一些难题，而让影迷感觉到他对他们的心思，当影迷问他：“你的情人是谁？”他坦诚地回答：“想当导演的人。”在日本，一个6 岁的孩子提问：“你为什么长得那么帅？”他巧妙而富有哲理地回答：“你还只是一个孩子，如果你长大了也对我这么评价，那就太好了。”①

一次，当他拥抱了上台献花的影迷时，听到台下一片羡慕的叹息声，于是主动走到舞台边与陆续奔上来的影迷拥抱。有的影迷感动得泪流满面，浑身颤抖。他的答谢词说道：“我现在感到非常幸福，我所接受的是你们的亲人之爱，将终身难忘，我期待着与你们再次相见，祝你们身体健康。”② 他珍爱影迷也是敬业心的体现，一次访问日本时他正感冒，有关方面提议改变日程，他没有同意，因为不愿意让影迷失望。结果，每次在舞台上站十几分钟就要出一身冷汗，晚上不得不彻夜输液。

根据日本杂志调查，绝大多数喜欢裴的观众是40岁至50岁的女性，她们形容说，他给你无限的想象，给你宽容、谅解，给你带来温暖，你会觉得看到他就是快乐。这种特殊的愉悦是无可替代的。无需语言就会有温暖的互动发生。尤其是《冬季恋歌》在日本走红之后，日本的女影迷甚至称呼韩国为“勇俊国”。日本前首相小泉曾访问韩国，国事活动之余，想见“勇俊”一面竟未能遂愿，勇俊的回答巧妙且智慧：我对政治不感兴趣。然而，他这种怠慢日本首相的做法并没使他在日本fans中造成多大负面影响。倒是他几次接受采访时，呼吁改善韩日关系、两国国民友善相处的讲话，一定程度上弥合了两国国民之间的怨恨。有一幅日本漫画，描述一群日本中年妇女到国会里警告议员们不要制造对韩国的紧张关系，说“惹恼了勇君可怎么办”。这就是所谓的日本fans的社会现象。漫画虽有夸张成分，但任何日本政治家为了选票，多少也得掂量一下勇君fans的分量。

裴勇俊的一句话则可以从侧面反映这些中年女影迷对他如此迷恋的原因，他说：“我见过我的许多中年影迷，她们结了婚，也有孩子，但是我从她们的眼睛里看到的是一个个十几岁的少女。”③ 青春已逝的女人，很容易被此类语言所折服。

① 钱有珏：《细读裴勇俊》，《电影》2006年1月号。

② 同上。

③ 王钰：《裴勇俊：外出到中国》，《大众电影》2005年第22期。

“从寒冬中走出的白马王子”裴勇俊

剖析裴勇俊在亚洲成名的《冬季恋歌》，这是一部情节简单，但各方面制作都很精良的偶像剧，在美丽的雪景中，裴勇俊和崔智友宛如从风景卡片上走出来的唯美插画人物。因此，裴勇俊被称为“漂亮的雅痞男子”，“从寒冬中走出的白马王子”。①

裴勇俊是一个很用功的人。拍摄《冬季恋歌》时，尽管剧本很晚才出炉，他也要在拍摄前念上三遍，最终把剧本几乎都翻烂了。成功与背后所付出的努力是成正比的。裴勇俊的成功，同时也是韩国电视产业策略尤其是偶像策略的成功。

韩国的偶像策略与好莱坞的明星制不同。好莱坞的明星制度以明星为中心，张扬明星的一切，包括个人生活和绯闻。而韩剧的偶像策略，是通过营建明星本身的个人性格魅力来提升注意力，吸引观众。塑造一个完美成功的偶像，需要演艺公司和艺人共同付出巨大的努力。韩国的经纪公司努力推出的是真正的“偶像”，而不是单纯的商业化的明星。

一个明星要成为偶像，必须在做人方面也无可指摘，有非常高的艺德，韩国的经纪公司在宣传自己明星的时候，特别强调他们在品行方面的出色和为人的亲切随和。

如裴勇俊为配合《外出》的宣传到中国来，没有拿一分钱出场费，也没有提任何过分的要求。又如《大长今》的扮演者李英爱，在2006年3月以慈善为主题到中国来，在广州曾捐赠善款给广东省慈善总会，用于兴建一所希望小学；在台湾，她捐赠慈善资金给残疾儿童；在上海的演唱会上，她也代表主办方当场捐出20万元人民币给上海慈善基金会，用于慈善助学。其本人的艺德在娱乐圈里也有口皆碑。她在拍摄《大长今》的时候，连续7个月坚持紧张拍摄，没有请过一天病假。

如此注重培养人气的“偶像”策略显然并不妨碍明星的商业效应，韩星的良好风度和表现为他们赢得了更盛的人气，在日本关于韩国明星的几千份调查问卷中，71.5%的人回答喜欢裴的人格、人品。人气和经济效应一词显然是成正比的。

① 小雪：《伴侣》2006年第7期。

在演艺圈这么多年，裴勇俊在谈到自己的最大体会时说："我觉得演艺圈的起起落落是说不定的，把握现在是最重要的事。尽管有时我开玩笑说'拍戏好像非人的生活'，但在我心里从没有真正地抱怨过。人生的际遇不一定平步青云，却一定有波折，我觉得能够经历不同的事也是好的。而且，对目前的我来讲，观众的掌声与欢呼声已是我最大的力量来源。相信很多艺人也跟我一样，有同样的想法。"①

大众文化消费是一个巨大的产业链，成功者在每一个环节都是成功的。从韩剧的传播本体来看，符号诠释与偶像建立是构成其强势传播的基础。在每一部韩剧中，人物之美与服饰、风景似乎是融为一体的。这样，偶像本身的魅力又被强化了。

三、韩国电视综艺节目的魅力

电视娱乐节目在韩国被称为艺能节目，主要由三大全国电视网KBS、MBC、SBS制作播出，韩国娱乐节目的类型相当丰富，主要有娱乐新闻和娱乐节目。公营和民营两种电视体制在韩国交替消长后，最终形成了二元并存的格局，这使得韩国广播电视长期以来遵循两个价值观念，具有双重性，即遵循商业主义和政府宣传引导主义两个价值标准，交叉发展。韩国的电视节目既追求商业效益又注重社会效益。娱乐节目则将"欢笑与感动并存"作为最高追求。

以"X-man"、"情书"作为经典的娱乐节目，以及"明星敲金钟"等益智节目，每期都有10多位嘉宾参与，阵容相当豪华，一直保持着较高的收视率。

2006年，韩国的娱乐节目正式进入中国市场，代表作就是在浙江电视台休闲频道播出的"情书"，当时"情书"在韩国已经停播。由于我国对韩国电视节目引进的限制，这一类栏目如今还没有在卫视上播出。下面以"情书"为例，简要分析这类娱乐综艺节目的特色。

韩国的综艺节目充满了戏剧化倾向。娱乐节目的录制，总是有剧本作为参照。在韩国优秀的电视综艺节目中，几乎都会设置一个贯穿始终的戏剧化情景，以"情书"为例，其主旨是将男女嘉宾安置于一场爱情竞赛中，男嘉宾和男嘉宾之间或女嘉宾和女嘉宾之间，是一种竞争和抉择，最后的结果也就成为最大的悬念。"情书"中固然有出演嘉宾的即兴发挥，但其实有很多细小的搞笑环节都是编剧事先安排好的。

作为一档结合明星、游戏、爱情的娱乐节目，"情书"中邀请的每一位嘉宾都十分了解节目的定位、特色，知道自己什么样的表现能够逗乐观众，且每期嘉宾

① 来自http://www.missyuan.com/archiver/tid-178395.html。

“情书”节目现场

都有分工设定，比如什么人担任展现酷、帅一面的角色，什么人担任丑角，通过什么样的表现逗乐观众。这种角色分配，意味着明确了一个概念，即所谓的“明星出演”，也就是明星在参与综艺节目的过程中，以一种表演的心态来完成自己的任务，而非日常生活中的正常反映。作为演员，他们很清楚什么样的表现会被后期制作时重点编辑，会产生什么效果。这种纯粹表演的方式，使“情书”更易笑料频出。由于韩国电视综艺节目的参加者均为影、视、歌、舞明星，所以节目中也不乏绝佳的歌舞表演，节奏热烈的流行歌舞也是节目烘托气质的重要手段。“情书”节目中，还有几位固定出演者，都是韩国艺能界公认的搞笑高手，如固定丑角申正焕，其存在的目的就是阻挠演出嘉宾的配对成功，所以在整个节目中，常出现你争我抢，笑料百出的场面。

韩国电视的综艺节目虽然以娱乐为核心，但也非常注重文化性、哲理性，并强调情感因素，营造一种浪漫的氛围。“情书”尽管是游戏节目，但反映的主题是倡导永恒而真挚的爱情。观众经常被主持人和嘉宾富有哲理的爱情名言所打动，沉浸在美好的节目氛围中，感染力的效果就像那些描绘纯粹爱情的韩剧。在娱乐节目发展迅速且竞争激烈的韩国娱乐界，“情书”自2004年中旬开播直到2006年停播，一直保持着很高的收视率。

“情书”、“X-MAN”等节目，成功地实现了综艺与游戏的融合，在实现娱乐性的同时，始终洋溢着时尚和优美的艺术气息。此外，在游戏中，也通过借鉴传统及现代的体育运动项目，为观众树立了健康的节目形象。韩国电视综艺节目对于文化艺术的重视与融合，营造了一种含蓄蕴藉的氛围，形成了具有本国特色的、健康的娱乐化风格。

从电视技巧的角度来看，为了增强综艺节目的可视性，韩国电视综艺节目极其重视电视手法的挖掘和创新。综艺节目最初是一种舞台艺术，随着综艺节目的发展，它的舞台性也随之淡化，取而代之的是电视特征的进一步强化。后期制作则是韩国娱乐节目风靡的关键所在，他们可以把一些普通的镜头通过各种方式制作得妙趣横生。如在游戏环节，将多机位拍摄到的同一个场景剪辑到一块，或将同一个镜头反复播放。镜头的慢动作重放、画面的剪辑、字幕、动画效果、音响效果等等，在韩国娱乐节目中都层出不穷。

韩国电视综艺制作的理念是：创新。当一种节目形式存在时间太长时，就主动改变，寻求突破。大多数有着很高收视率的节目都会主动停播，如2006年10月28日，“情书”就停播了。这反映了韩国电视综艺界的一种新的理念：不断寻求突破。在尚处于上升期的阶段就果断停播，替换不同类型的节目，见好就收，方能留住经典。

再看另一档节目“快乐星期天”的“品行Zero”单元，这是一档真人秀节目，它以6名所谓品行不良的问题少年为主角，目标是通过人格塑造将他们改造为品行优良的模范生。节目出于娱乐的目的，邀请了著名男演员崔民洙为“六人帮”的师傅，并由金牌主持人金济东担纲主持，一个是威严冷静，另一个则是热情风趣，冰火相济，亦庄亦谐，巧妙搭配，擦出了不少火花。节目挑选的6位高中男生，虽然行为叛逆，但外形帅气、性格鲜明，极具幽默感和表现欲，节目充满了吸引眼球的因素。

节目在制作的时候，也努力灌输主流价值。“品行Zero”不仅具有娱乐效果，而且具有励志和教育意义。韩国政府对当代“新的韩国人”有以下要求：“健康的韩国人——强健的体魄、刚强的意志、高尚的情操、丰富的情感；独立的韩国人——具有自信、自主决策力、进取开拓的精神、强烈的民族意识；创造的韩国人——基本的学习技能、科学研究能力、理智解决问题的能力、创新思维；道德的韩国人——正确的价值观、人类的认同感、优秀的公民意识、关心他人的精神。”① 节目对6名学生的培训过程，忠实地传达了这种主流价值，但又没有通过刻板的宣教或空洞的煽情，而是寓教于乐，实现了大众文化与主流价值的完美结合，这是韩国综艺节目的典范之作。

① 刘素娟：《韩国学校的德育实践及其启示》，http://engine.cqvip.com/content/1/80349x/2003/000/002/jy07_11_7892281pdf。

还有一些公益类型的节目，通过节目进行社会救助，如NBC推出的“睁开眼睛”，以及后来的“跋山涉水”。“睁开眼睛”由韩国深受欢迎的演唱组合god的4位成员担任副主持，节目根据观众提出的申请，寻访视力障碍人士，为他们进行检查，寻找合适的角膜，并进行眼角膜移植手术。该节目播出后，在韩国社会产生了极大的反响，掀起了民众捐赠角膜的热潮。“跋山涉水”则在韩国边远地区寻访空巢老人，为他们体检，提供基本的医疗器械，并将重病患者送到大医院进一步治疗，产生极佳的社会效益，唤起大众更加关注公益事业。

韩国的综艺节目，不仅在纯娱乐意义上有所创新，同时，积极地造就了教育、公益事业的各种可能性，以娱乐形式推动了社会进步。

第三节　小结与启示

一、政策作保证

从整个国家的政策来看，韩国政府高度重视、非常支持广播电视产业的发展，推行了一系列行之有效的政策。正是这些政策，保证了整个产业能以良性循环的方式发展。事实上，韩国文化产业的发展政策已成为一项国策。

二、剧本为核心

韩剧是韩国广播电视产业的核心，而出口市场更是其中的关键。

三、态度讲真诚

从韩国的电视产业发展过程中，可以看到一种商业的真诚，无论是制作电视剧的企业，还是偶像本身的从业态度。

四、产业链成熟

从韩国广电产业的崛起中，还可以看到一种产业链的成熟，一个行业的成熟，由此可以明显带动其他行业。以电视产业为龙头，带动了一系列产业诸如音像、旅游、整容、出版等行业的成熟运作。

五、自信心十足

韩国人拥有一种自信心，足以引他人之长，为己所用。如《大长今》中“食

+医”两大主线，皆浸透、饱含着深厚的中国文化。但在韩国人的编剧和创造中，这两种文化已成为根深蒂固的韩国文化的一部分。他们很骄傲地把其作为自己的文化显现出来，并且，与电视剧本身的故事情节有机地契合在一起，并不显得突兀和卖弄。这就是一种自信。

当然，在此背后，有整个经济发达态势的支撑。强势的经济，必然对一个国家的文化产生影响，对民族自信心的建立也不可缺少，而且，与上层建筑的文化形成相互作用。韩国人口仅是中国的1／30，但其经济规模却相当于中国的40%。总之，他们在广播电视产业中的成功经验，十分值得我们学习与借鉴。

思考题

1. 韩国《大长今》的营销机制有何特点？《大长今》是如何引发世界各国新一轮“韩流”热的？
2. 从裴勇俊身上可以看出韩国的“偶像策”和欧美的“明星制”有何不同？
3. 从理念到形式，韩国的电视综艺节目有何创新？
4. 韩国电视产业链的成熟体现在哪几个方面？

第六章

崛起中的传媒大国

——中国电视业

第六章　崛起中的传媒大国——中国电视业

第一节　中国广电业概说

一、发展轨迹

中国的电视业虽从1958年就已经开始，但长期以来，其功能被简化为单一的宣传性质的新闻媒体，谈不上有产业意识。直到1979年1月28日（农历正月初一），中国电视业的经济功能才第一次凸显出来。就在这一天，上海电视台播出了中国电视诞生以来的第一条电视广告——上海市药材公司的“参桂补酒”广告。同年4月，广东电视台、中央电视台也相继播出了广告。自此，除了国家补贴外，中国的电视业终于开辟了它的第二条经济来源渠道，中国电视事业的产业化进程也开始起步 。①

从起步发展至今的20多年间，我国电视产业发展迅速，“广电产业在20年间行业规模增长52.5倍，年增长2.6倍，速度非常快，1982年，产业化规模为9.8亿元，100%为国家拨款。到了2002年，产业规模为514亿元，国家拨款下降到15%（75.64亿元），自己创收占85%(439亿)，其中广告创收收入为260亿元”。②

在这一发展阶段，中国电视产业的进展迅猛，尤其在20世纪90年代末期，由于各种传媒之间的激烈竞争和各电视台、电视频道的激烈竞争，也由于处在特殊历史状态中的电视消费群体的娱乐需求的增加，电视的娱乐化倾向变得越来越明显。近20年来中国电视产业最大的变化，即是从传统的、单一的宣传性质的新闻媒体拓展为更加丰富的大众媒体，功能的多样性和信息含量的多样性得到了大幅度的扩展。

在中国电视产业发展的过程中，逐渐形成了中央电视台、省级电视台和城市电视台三分天下的竞争格局。随着电视业的发展，一些节目开始制播分离，产生

① 参阅蔡尚伟：《影视传播与大众文化——文化工业时代的影视方法论》，四川大学出版社，2005年。

② 本段数据来自黄升民：《“媒介产业化”十年考》，《现代传播》2007年第1期。

了许多民间制作公司，推动了节目市场的形成。电视业的产业属性被一步步地认识、承认、开拓。影视业的经营方式、资源补偿渠道、产业链条的组建等，都呈现出多元化的特点。其中，中央电视台2007年的广告收入突破100亿人民币，约合13亿多美元。

二、日渐成熟

世纪之交，中国电视进入了一个转型期，国际、国内的生存环境发生了更大的变化，各电视媒体既关注本媒体的节目、栏目，生产的技术、艺术或内容形式的战术性问题，更关注大格局中自己生存与发展的战略性问题。

跨入21世纪以后，电视产业作为文化产业的支柱与大众传媒产业的核心部分，进一步加快了发展的步伐。加入“世贸”后，中外传媒合作经营进一步加强，数字电视近年来在中国也有长足的发展。在电视剧的制作方面，不仅有国家的电视剧制作中心，也涌现了大量民营的电视剧制作公司。电视剧的制作从20世纪90年代至今，进入一个黄金时期，甚至成为一种最重要的大众叙事消费方式。

2004年，国家广电总局发布了《关于促进中国广播影视业发展的意见》，其中包括了对外资投资中国电视媒体的原则性指导意见，即允许外资参与国内电视节目制作，这无疑将进一步破除妨碍发展的思想观念，大力推进文化体制改革。2007年10月，中共十七大召开，胡锦涛总书记在党的十七大报告第一部分“过去五年的工作”中指出，“文化体制改革取得重要进展，文化事业和文化产业快速发展”。21世纪初，中国电视的产业化环境逐渐成熟，产业化进程加快，电视业为取得良好的经济效益，实现了多种经营手段的联合运用：如广告经营，节目经营，资本经营，跨地区、跨行业经营等等。

产业化最终离不开内容生产，胡智锋提出，中国电视内容生产近50年的历程，可划分为宣传品（为核心）、作品（为核心）、产品（为核心）的三个时代。[①] 最后一个阶段，也就是中国电视产业逐步成熟的阶段。

第二节　经典案例透析

一、易中天现象

在登上中央电视台“百家讲坛”讲汉代、品三国之前，易中天作为厦门大学的一名教授，尽管著述颇丰，但藉藉无名，他出版的书籍和诸多学术书籍一同躺

① 参见《中国电视内容生产的潮流和趋势》，2006年。

易中天因在“百家讲坛”“品三国”而“如日中天”

在安静的图书馆角落或某个文人的书橱里，少有人问津。可是，“百家讲坛”播映后，易中天也随之成为学术明星，并使得《品三国》、《新品三国》等书热销，《品三国》以无底价的竞标方式招标出版，上海文艺出版社以“55万册首印，版税14%，三年内保证该书发行不低于20万册”的条件中标。易中天以前的那些著作也不停再版，本本热销，掀起一次稿酬极高、销量极大、影响极远的出版狂潮。一时间，洛阳纸贵，“易中天如日中天”。但在受到媒体和“乙醚”[①]的追捧之外，也有不少学者从学术水平等方面对易中天大加鞭挞。

其中，有这样两种观点较有代表性，一是由上海学者葛红兵提出：“大众化不等于娱乐化，把历史、文化娱乐化不是普及文化的好思路。”[②]另一种观点则表达出一种担忧：“这种把学术与电视胡乱嫁接在一起的光怪陆离的现象”很难避免“学术被电视异化的窘境”。[③]这两种观点都持有如下论点：学术通过电视传播后，导致“学术贬值”。而“乙醚”们则认为：易中天赋予了三国人物新的生命力。这份独特的解读，是从名著中无法获得的。

其实，单纯从文化或学术的角度去分析“易中天现象”是远远不够的。易中天的成功，并不是一个书斋学者单打独斗闯荡学术“江湖”的成就，而是多种因素的组合体，也是电视传媒通过不断摸索和改造，寻求到与学术结合的最佳路径之后获得的成功。就电视产业本身来说，反映了电视产业的成熟，具体到栏目，则反映了“百家讲坛”这一栏目从起步走向成熟的过程。

“百家讲坛”自2001年7月9日开播以来，经历了很多变迁和周折。开创之初，“百家讲坛”为了体现“文化品位，科学品质，教育品格”的频道定位，将天文地理、自然科学、礼仪礼俗，乃至饮食起居、养生保健的内容都展现出来，但是，虽然包罗万象，收视效果却不理想，甚至收视率在最低的时候几乎为零。2003年，中央电视台以收视率为考量，推出“栏目警示及末位淘汰”考核机制，据此规定，一年内两次连续及累计三次被警示的栏目，或收视率最低的节目会

① 易中天的fans群的称呼。

②《葛红兵：易中天，可以休矣》，http://column.bokee.com/162171.html。

③ 康慨：《我反感把电视与学术胡乱嫁接》，《南方人物周刊》2006年第19期。

被淘汰。在这样的情况下，“百家讲坛”进行了改版，将历史、文学、传统经典比重加大，讲座的形式也改成或一人主讲，或主持人和几位学者一起探讨，以“建构时代常识，享受智慧人生”为宗旨，以“一所汇集名家名师的开放大学”为定位，注重主讲人的名气，并坚持学术品位。这种风格持续了较长的一段时间，但收视情况依然不佳。

“百家讲坛”的转折点发生在2005年5月，当时，著名清史学者阎崇年主讲《清十二帝疑案》，收视率一路飙升以至成为科教频道收视率最高的栏目。制片人和策划者们寻找到一个创意的突破口——长篇连载、历史为主、搭建学者和大众之间的桥梁，并逐步探索出一套成熟的运作机制，涉及内容和形式方面的变革。

阎崇年的风格已经趋向于把历史当评书讲。随后，《刘心武解密红楼梦》亦使“百家讲坛”的收视率节节上升。“现任制片人万卫强调，百家讲坛已经不是原初学术性的栏目，它是大众媒体，是一个以普及文化为主旨的栏目，希望学者们不要以学术的要求来看待这个栏目。”①至2007年，“百家讲坛”全年节目仅限于历史、文学、传统经典三类，自然科学、社会科学以及生活和社会热点问题的探讨再无一涉及，对主讲者遴选的三个标准也建立了，即：“学术水平、表述能力和人格魅力。”②

易中天走上“百家讲坛”的时候是2006年，也是这一电视栏目找寻到了合适的自身定位、且已模式化的良好时机，主讲人的个人魅力与节目的模式形成良好的契合，更利于与观众的沟通和交流。

从易中天本人的演讲特点来看，他非常适合“百家讲坛”这一栏目改版之后的定位。与以往学者不同的是，他的演讲并非一味强调自己的学术研究，而是将名著通俗化，善于调侃，甚至是自嘲，比如说到曹操，他会这样形容：“曹操身材矮小，估计也就和我差不多。”这样的演讲方式极富亲和力。这种通俗与学术兼容的方式，博得了普通民众的关注，将原本孤僻和枯燥的学术研究变成了大众共赏的对象。并且，他在演讲中随时加入现代语言和个性化风格来演绎历史，诸如说到项羽的重情感，“项羽真是太有人情味了，太招女孩子爱了，恐怕那时的女孩子嫁人要嫁项羽这样的了。”这种语言表达方式，是传统和现代的对接，用现代人的生活状态体会古代人的状态。故而有人评价说“谈古不说今，不是易中天。”③

易中天概括自己的言说风格为三个“境界”，即“正说”、“趣说”，“妙说”。④“正说”是以史实为依据，保持一种严肃的治学态度；“趣说”则是在坚持真实的基础上强调表述方式的栩栩如生。为达到这个境界，易中天会加进无厘头的搞笑

① 朱云涛：《大众传播与学术传播——从〈百家讲坛〉的热播说起》，《新闻界》2006年第5期。

②《百家讲坛》“造星”揭密，http://culture.thebeijingnews.com/0833/2007/04—06、015@065229.htm。

③ 傅秀宏：《易中天：讲史像酿酒》，《观察与思考》2006年第13期。

④ 宣炳善：《“说史”还是“说书”——兼论易中天的知识分子历史观》，《学术界》2007年第4期。

语言，通过这种方式调动观众的兴趣；“妙说”是在前两说的基础上对历史进行分析，给观众以启迪。易中天认为这是最高境界。这个最高境界，其实也是知识分子的历史智慧，或者说是知识分子的历史哲学。

另一方面，从学者与电视传媒的结合来看，学者以电视为公共表达平台的情况早已屡见不鲜。学者通过电视不仅可以使学术大众化，而且能使之成为学术讨论和公共启蒙的平台，这是现代知识分子的另一大人文传统。1952年，电视尚未普及的年代，英国哲学家以赛亚·伯林便通过BBC广播电台进行思想史系列演讲，轰动一时，有成千上万的听众收听该节目，其思想启蒙作用至今为人称道。1971年，美国语言学家乔姆斯基与法国思想家福柯在荷兰电视台进行过一场题为“人性：正义与权力之争”的辩论，也吸引了诸多人士的关注。

易中天成功了，于丹讲《论语》后也大红大紫。此后的“百家讲坛”对市场驾轻就熟，从定选题、选主讲人、录制播出节目到后续书籍的出版，“央视”的电视总公司包揽所有主讲人和出版社之间的合作事项，形成了一条成熟的产业链。有媒体称：“《品三国》一书，央视的税前收入获得37.5万。‘百家讲坛’每条插播广告由最初的30秒增至40秒，广告时间已达4分钟，是央视的金字招牌。”①

现在的“百家讲坛”，每一讲都是演讲人和编导反复探讨的结果。“百家讲坛”的编导执行着一套技术标准，如同生产商家那样对学术原料进行再加工，制片人也不讳言“像做营销一样做节目”，真正可以说是电视产业化运营的成功范例。

易中天签售活动令上千“乙醚”把场地挤爆棚

① 葛维樱、浦树柔：《<百家讲坛>现象观察》，《瞭望》周刊2006年第6期。

在主讲人的选择上，“百家讲坛”实行的是全国式的海选，在各地高校乃至中学里选择，2007年的主持人王立群说，在河南大学选拔时，“从二三十岁的博士到六七十岁的老教授均可参加，主讲人不设门槛”。①

曾几何时，“百家讲坛”因为收视率低而差点被“央视”叫停。如今，却因为顺应了电视产业的发展规律而成为一大收视热点，并形成了规模可观的产业链。“百家讲坛”的成功，是以频道的成功定位为前提的，这有力地说明了电视行业对频道作为市场定位主体进行研究的必要性和重要性。

二、黄健翔事件

这一后来被称为“解说门”的电视事件，发生在2006年北京时间6月27日凌晨，当时著名的“央视”体育节目解说人黄健翔正在解说世界杯1/8决赛中意大利对澳大利亚的比赛，比赛中双方均无进球，在临近终场前最后几分钟，意大利左后卫格罗索在禁区内赢得一次点球机会，并成功进球，最终意大利以1：0淘汰澳大利亚，进入八强。就在这几分钟内，黄健翔这位有着10年以上解说经验的资深解说人，突然情绪和声音都失去了控制。他用高亢且近乎嘶哑的嗓音，对意大利队和制造点球的左后卫格罗索进行了高度评价，其内容都远非惯常的体育解说人所用的中立口吻，其感情色彩的浓厚和激情的表达方式，都更接近于一个意大利球队的超级球迷。

事后，体育圈内外纷纷就此发表评论，网民在网上分为“保黄”和“倒黄”两派打起了口水仗，随之，各种版本的“解说门”文字以及音频在网络上疯狂传播：文字恶搞版、音频版、Flash版、真人动画版以及恶搞彩铃版，还有方言版、说唱版、摇滚版等等，真可谓“终场一声吼，名扬四海口”。

黄健翔的知名度一下子超越了体育领域，成为各方人士所关注的对象，观众不仅对其表示反感或支持，也对其下一步的命运予以高度关注——如此越位的举动，会不会使这位著名主持人因此而“下课”，或受到其他处罚？事情发生后的第二天，“央视”的体育节目主持人张斌在《豪门盛宴》中，代黄健翔朗读道歉信，并鞠躬致歉，等于代表“央视”宣布了对其解说的定性：失态、失理、失常。此事告一段落后，“央视”取消了原本应该由黄健翔解说的西班牙对法国的1/8比赛，由刘建宏代替解说。但6月30日，黄健翔照常解说了阿根廷对德国的比赛，7月2日，他又解说了法国队与巴西队的比赛。

黄健翔并未因此“下课”，不过，几个月后，这位备受关注的人物以辞职的方式告别了“央视”，从此转战各地，开始了他的明星式生存：被各家媒体盛邀，说相声、拍电影、发行单曲，与采访过他的某记者公开叫板，并持续不断地接拍各种

① 葛维樱、浦树柔：《<百家讲坛>现象观察》，《瞭望》周刊2006年第6期。

黄健翔的“怒吼”登上各类杂志封面

类型的广告……

黄健翔的“解说门”事件，在中国电视产业的发展过程中，意味着什么？

其一，在电视与网络等其他媒体的互动中，观众的好恶在某种程度上决定着电视媒体的倾向，这是中国电视的产业属性的一次反映。

事件发生后，大量观众通过网络表达了他们对这一事件的看法，有人认为黄的这一举措与常规的电视表达相悖，充满了激情，“人生得意须尽欢”，这样有胆识的表现在中国人之中是另类和富有个性的，值得欣赏和赞许；有人则认为这是偏执和违反解说规则的，称之为“几分钟的嚎叫”。事实上，这也并非是黄健翔的第一次“越位”，之前的2001年，黄健翔在解说中国与卡塔尔的一场比赛中，因为批评了米卢，就遭到“央视”封杀半年之久，而那个时候中国的球迷正处在对米卢充满期望的心态中，不允许对米卢神话有任何微词。

这一次，“央视”并没有立刻对黄健翔作任何处理，而是观望道歉后的球迷情绪，并暗示“黄健翔的命运就掌握在球迷手中”。① 而球迷中的大多数，虽然不认同此种解说方式，却表示出对黄健翔本人的喜欢和欣赏，并不希望黄健翔因此“下课”或受到严重的处罚。这就使得黄健翔很快再次出场解说。也就是说，观众的态度影响着电视的决策者们，因为观众的选择即意味着产业收益的高或低。

黄健翔的出位引发了观众对于电视节目本身的关注，也强化了“央视’本身的受关注力度。从产业的角度来看，可谓利大于弊。

其二，怎样看待规整的产业化格局中的个性因素问题。

从受众角度来看，这些年来电视的发展，使他们比较能够接受一些个性化的因素出现在产业格局中，对此表示宽容，从受众心理的角度，毋宁说期待一些非常规的表达。他们对立场的正确与否，已经不像过去有那么大的关注力度，而倾向于欣赏个性化、娱乐化，为反常规喝彩。

① 来自http://fifaworldcup.cn.yahoo.com/060630/346/28rjp.html。

“从受众的角度来看，因受众个人文化、政治倾向及与技术接触的不同，受众对文本意义的解读可分为3种：优先性解读、对抗性解读、协商性解读。”① 优先性解读的受众是那些在文化观念等因素上与传者一致的观众，他们能够把黄健翔放在与自身平等的位置，在观看时产生共鸣，不由为黄健翔的激情爆发击节叫好；协商性解读的受众属于态度比较温和的一派，他们客观地指明传者的身份和职业底线，强调其应该收敛；对抗性解读的受众则属于态度比较激进的类型，甚至谩骂之辞充斥网上，批评黄自我宣泄兼自我炒作，对他过于“激情”的表现充满反感 。

而中国年轻的电视观众，多属于优先性解读的类型，他们已经太熟悉甚至有些厌倦了以往解说员快速单调却缺乏激情的解说。而年轻、富有激情和活力的黄健翔在这个时候出现，恰逢其时。作派虽然出格，但同时也意味着时尚和前卫，这正是年轻人所追求和向往的。有观众如此评论道：“我们不是一直在等待一个真正的球迷解说吗？没有偏好、没有倾向，看世界杯还有什么刺激？什么享受？我们的泪水和狂欢从何而来？宽容一点吧。也许他过分了，也许他嗓子哑了，但他让无冕之王成为完整的人，有感情、有激情、有思维。他让我们与世界杯一起狂欢！一起喊叫！一起泪流满面！”② 同时，由此也可以理解之后为何有那么多品牌厂商找黄健翔做广告代言的原因，他们希望黄健翔身上的“激情”、“先锋”也成为人们心目中其产品的符号。

黄健翔在事后接受采访时表示：“我是一个人，不是一个机器，不是电脑编写出来的程序，我不可能做到让所有的人都觉得我客观、中立、公平、公正，不能像水平仪一样，能够那样完全的扯平，这是不可能的。”③ 从球迷的角度来看，很多人认为黄健翔虽然作为一个体育节目解说员有些失当，但却是一个真正的球迷。

其三，黄健翔是电视产业打造的明星人物，但并非是主持人效仿的对象。

从个性来说，黄健翔本人是个性非常强的人，他曾经说过：“我的野心就是，除了我之外，别人都不许解说，只能我说。”如此强悍而富有霸气，使他在解说的过程中完全投入了自己。他也意识到自己的失职，道歉说：“最后几分钟内的解说不是一个体育评论员应该有的立场。”

诚然，黄健翔违背了体育评论员本应有的立场，却获得了更多的注目和经济效应。当他从“央视”辞职后，有如此多的电视台和媒体向他抛去橄榄枝，希望他带来的“眼球经济”为自身赢得效益。他的出位不被人认同，但因此而产生的被人注目的才华、个性、明星效应，却是电视产业本身所需求的。

① 张华伦、寇国莹：《黄健翔“激情解说”的传播学透视》，《采·写·编》2006年第5期。

②《我们需要什么样的解说：关于黄健翔不得不说的话》，来自http://bbs.sports.sina.com.cn/?h=http%3A//bbs.sports.sina.com.cn/g_forum/00/1D/00/view.php%3Ffid%3D150593%26tbid%3D8050&g=4。

③《黄健翔自解诳语：难忘当年中国输给这样的滥队》，http://sports.people.com.cn/GB/4533351.html。

出了名的黄健翔在与董路说相声

在电视产业化的进程中，必将造就一些类似黄健翔的明星式人物。但与此同时，从主持人的角度来看，节目主持人必须考虑大众传播媒介的总体目标，任何失去理智、失常和失态的表现都是媒介的失误，因此，如黄健翔这般个性飞扬并不可取。

黄健翔终场前部分解说词实录

——亚昆塔，唉！点球！点球！点球！格罗索立功了，格罗索立功了！不要给澳大利亚人任何的机会。

——伟大的意大利的左后卫！他继承了意大利的光荣的传统。法切蒂、卡布里尼、马尔蒂尼在这一刻灵魂附体！格罗索一个人他代表了意大利足球悠久的历史和传统，在这一刻他不是一个人在战斗，他不是一个人！

——他们没有再一次倒在希丁克的球队面前，伟大的意大利！伟大的意大利的左后卫！马尔蒂尼今天生日快乐！意大利万岁！

——胜利属于意大利，属于格罗索，属于卡纳瓦罗，属于赞布罗塔，属于布冯，属于马尔蒂尼，属于所有热爱意大利足球的人！

——澳大利亚队也许会后悔的，希丁克，他在下半场多打一人的情况下打得太保守、太沉稳了，他失去了自己的勇气，面对意大利悠久的历史和传统，他没有再拿出小组赛那样猛扑猛打的作风，他终于自食其果。他们该回家了，他们不用回遥远的澳大利亚，他们大多数都在欧洲生活，再见！

三、“超女”之炫

“超级女声”作为中国电视史上轰动一时的媒体事件，其典型性以及对于中国电视产业的启迪意义，都非常值得研究。

2005年因“超级女声”而出名的张靓颖，其高音被评价为“海豚音”

从2004年到2006年，湖南卫视“超级女声”的选秀活动，以“海选”、“零门槛”、“PK”、“晋级”、“短信投票”等为关键词，以“想唱就唱，唱得响亮”等富有煽动性的口号为标志，掀起了中国综艺节目有史以来最为壮观的全面参与和收视狂潮。尤其在2005年的选秀进入最后阶段的时候，每到周末，家家都把频道锁定在湖南卫视，全家老小一起观看，在某些地方，甚至达到了万人空巷的程度。“超女”们一夜之间成为了天上最亮的星，其“粉丝”跨越了各个行业和年龄程度；她们和娱乐公司签约，被包装，四处参加演出。一时间，“超女”、“PK”也成为新鲜的词汇，诸如“学术超女”、“XX和XX PK”等，频繁见诸各报章、网页。

“超女”是一种真人秀节目的模式，来源于海外。虽然早在20世纪50年代，就有了真人秀节目的雏形，但真人秀节目的真正兴盛，始于本世纪初，荷兰的“老大哥”节目获得了极大的成功后，“真人秀旋风”开始四处席卷；随之，美国、欧洲国家、澳大利亚等国的电视台相继推出了“生存者”、“诱惑岛”、“公共财产”、“阁楼故事”、“学徒”等优秀的真人秀节目，这些节目的收视率频频打破以往的纪录，一时成为观众的最爱。“超级女声”的创意来自“美国偶像”，这是创办于2002年的一个美国电视节目。

在“超级女声”进行电视选秀之前，中国电视的真人秀节目亦有所起步，但直到“超级女声”海选，才使真人秀这种原本在中国电视中处于边缘化的节目形态红火起来，并且成为领跑中国电视文艺的时尚节目形态。其部分原因就在于，“超级女声”不仅是模仿，而且是本土独创方面非常成功的一个节目。

“超级女声”在开始的选举中，几乎是完全地模仿“美国偶像”，但在后来的推进中，节目越来越明显地用本土因素予以煽情：增加相当分量的家庭和亲情因素，并试图将其与社会的评价体系结合起来，形成中国人特有的动情点。如在某次节目中，让一个老龄“玉米”① 从上海坐飞机来到比赛现场，当这位老太太拿着一个袋子，装着自己亲手包的粽子，颤颤巍巍走到台上送给李宇春以表达对她的喜爱之情的时候，全场的气氛达到了高潮。这是节目编导富有高度敏感的社会意识的表现。他们通过这样的方式，让观众在潜移默化中感觉：对“超女”的投入是人之常情，即使是一个70多岁的老太太也可以这么痴迷其中，足证自身的投入也是合理和合情的。“大众狂欢”由此而产生了。同时，原版节目“美国偶像”的专业化背景被淡化了，而是借鉴了“海选”的方式，使参与的过程更草根化，更原生态，更零门槛，同时逐步带入中国的人伦和亲情，甚至包括了主旋律。可以说，“超级女声”在成长的过程中不断地完善自己。

另外，观众的热切参与，是节目取得成功的一个非常重要的因素。加拿大著名传播学者麦克卢汉认为：“卫星的影响是把这个行星转变成一个环球剧场，它要求的姹紫嫣红的舞台剧目，远远超过好莱坞昔日构想的任何东西。环球剧场要求这个世界的居民不仅当观众，而且参加剧组的创作。”②

“超级女声”的“海选”选拔方式，不分唱法，不计年龄，不看形象，不问地域，不设参赛条件，不收报名费，给所有女性一个参与的机会，让所有喜欢唱歌的女性都能积极参与。当然，这只是一个选拔的预设，进入最后竞赛的目标人群，还是锁定在富有时尚和富有活力的年轻女性身上。在评选上，“超级女声”采用参与性极强的方式——比赛过程中由观众短信投票结果来决定选手去留命运，这引发了全面互动，观众有了一个支持喜爱歌手的表达方式，让观众不仅是收看比赛，更是参与到比赛中去，以至最后决赛阶段街头出现了庞大的拉票人群；现场组织起强大的亲友团和“fans”团，烘托出热烈的比赛气氛，强化了普通百姓的参与意识。同时期的一些真人秀节目，诸如“梦想中国”、“挑战主持人”都没有取得如此的成功，和“超级女声”相比较，其主要原因就是没有把百姓最大限度地纳入自己的节目制作过程。

从国外的情况看，美国电视综艺类节目总收入中，约有40%来自于广告收入，剩下的60%来自于对节目品牌的延伸营销。因此，由电视节目品牌所带来的延伸性的相关品牌产品的开发，才是节目投资方关注的战略重点。作为电视产业

① 2005年“超级女声”比赛第一名李宇春支持者的昵称。

② [加拿大]加里克·麦克卢汉、弗兰克·泰格龙：《麦克卢汉精粹》，南京大学出版社，2001年，第123页。

的成功案例，“超级女声”还实现了与赞助品牌之间的深度合作，并成就了一条成熟的电视产业链。

2005年，“蒙牛酸酸乳”使“超级女声”获得了雄厚的节目运作资本，而“蒙牛酸酸乳”的销量也由7亿元跃升为25亿元。“超级女声”形成的是一条成功的产业链，不仅带动“蒙牛酸酸乳”的热销，也使运作此项活动的天娱集团实现了自身的成功、所属歌手价值的提升以及与之相关的一系列衍生品的繁荣。不断攀升的广告和短信，给湖南卫视带来的收益相当惊人。一场接近3个小时的十强比赛直播，湖南卫视就能卖出几百万的广告，而一场比赛的短信收入也有100多万元。而最大的收入，是“超级女声”的品牌效益，因为这个品牌，提升了湖南卫视整个白天时段的广告收益，2004年度总决赛的广告报价高达每15秒11.25万，超过了“央视”一套最贵的时段11万的电视剧贴片广告。“超级女声”2005年大获成功后，2006年持续火暴，从中央电视台－索福瑞14城市收视调查中可以看出，“2006超级女声”总决赛6进5收视份额为7.98%，到达率为10.3%，约有6 800万观众同时通过电视收看了这场比赛，位列全国同时段收视第一位，总决赛当晚的收视率全国平均达到3.38%，与同类竞争节目相比，保持第一，加上视频7 000多人访问，有超过4亿人收看了决赛。“2006年超女的广告收入2.3亿，冠名6 000万”。更让人叹为观止的是，主创方不仅吃定正在热播的这块“蛋糕”，而且看准了超女们今后的发展愿景，将5个赛区的前10名选手全部签下。品牌所有者天娱传媒的着眼点，放在了“超级女声”品牌延伸的产业链上。从地方电视产业的角度看，“超级女声”也是湖南卫视冲击全国文化市场的成功。

有人评价说：“超女”的传播模式是媒体的“三碰头”：电视媒体的娱乐“劲风”、网络媒体的发言“雨暴”、手机媒体的短信“狂潮”。[①] 是几种大众传媒力量的同时作用。

“超级女声”在某种程度上已经成为引领中国电视产业化新浪潮的探索者和创新者，开拓、创新着中国电视文化，也带动了相关电视选秀类节目的火暴，“超级女声”火暴之后

“超女”到香港演出时，“粉丝”们带着崇拜的“超女”画像在演出场馆门口守候

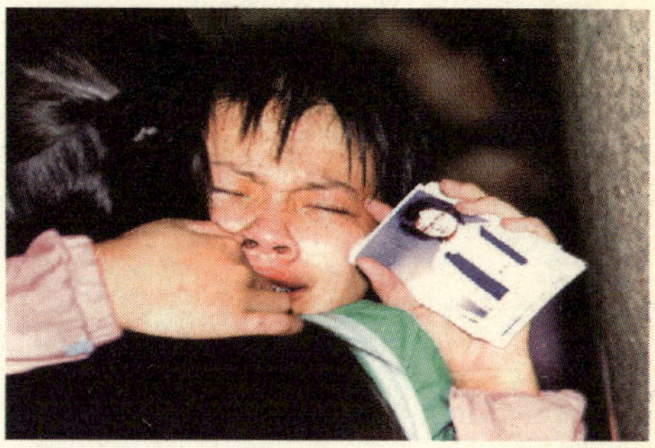

2005年“超女”决赛现场一女孩得知自己的偶像周笔畅未能拿第一名时搂着母亲痛哭

“超女”之后引起一时轰动的“超级男声”

① 吴志翔：《花儿为什么这样红？》，《中国青年》2005年10月20日。

的2006年，被称为“电视选秀年”，以东方卫视的“我型我秀”、“加油！好男儿”和中央电视台的“梦想中国”为代表的演艺真人秀，使屏幕上火花四射，而“舞林大会”借鉴在欧美大获成功的英国BBC电视台的“来跳舞”和美国ABC电视台的“与星共舞”，邀请70多位明星与专业舞蹈演员配对，一展舞姿。有明星参与比赛，增加了比赛的可视性，显示了强大的节目号召力。

此类真人秀活动，提升了中国电视的创意水平，中国电视人的创造能力得到了前所未有的释放。电视产业是一种创意产业，如果失去了创新的动力，则电视文化就将失去文化生产的动力——受众注意力。如果节目充满创意，则产业将被激活，就可创造全民狂欢和电视产品的繁荣，这是一条符合电视产业发展的规律。

2007年，选秀类节目渐走下坡之路，在广电总局的强力监管下，选秀节目泛滥的问题得到有效的遏制。“超女”时代成为一段渐行渐远的电视史，但对于中国电视产业来说，仍然有着不可或缺的研究意义。

四、省级卫视之争

中国的省级卫视从诞生之日起，就一直在为自身的生存和发展而进行不懈的探索。

省级卫视的发展，经过了三个阶段：第一阶段为1989～1999年的10年间，称为同质化起步阶段。这一时期，各省级电视台陆续上星，着手建设，处于起步阶段，竞争意识不强，未找准定位和形成自己的特色。第二阶段为差异化发展阶段，从1999年到2003年前后。经过若干年探索，各台开始产生差异，处于特色形成过程中。在竞争中，产生了广播电视集团，“兼并”和“联合”成为第二阶段的特征。各省级卫视的地位开始产生差距。第三阶段为白热化竞争阶段，从2003年至今，一些注重市场竞争，努力在节目质量和创意方面下大功夫的省级卫视取得了较大的进展。其他一些省级卫视也紧追直赶，不停地转换经营思路，形成激烈的竞争格局。

如今，在中国各个层级的电视媒体的竞争中，省级卫视之间的竞争表现得最突出，也最激烈。这是中国电视产业化步伐中的一个具体表现。原先，在计划经济体制下，省级卫视承担着宣传省委省政府政令、塑造各省政治形象和社会形象的重任。从而使省级卫视在内容、样式、性质、功能上同质化和雷同化，而电视的产业属性要求电视媒体在上述方面形成差异化和特色化。前后两种体制造成不同的生存环境、不同的要求，使省级卫视面临着在综合化形象和特色化形象之间进行选择的困难和矛盾。但因巨大的市场生存压力，终究迫使省级卫视尽可能避开同质化、雷同化，而更多地选择差异化、特色化。这就是近几年来省级卫视纷纷开始寻找特色定位、产生激烈竞争的缘故。

对于省级卫视来说，定位问题尤为关键。较早开始考虑定位的省级卫视有，湖南卫视和安徽卫视。湖南卫视从“快乐大本营”等自创栏目的成功受到启示，逐渐在电视剧、综艺节目、专题类节目乃至新闻类节目方面，向娱乐化方向靠近，成功地塑造了湖南卫视的娱乐形象。安徽卫视则从电视剧广告营销的成功中获得启示，在电视剧方面作了多种探索，逐渐形成了“电视剧大卖场”的特色。此后，各省级卫视都纷纷打出自己的品牌定位，如海南卫视走“旅游”之径，江苏卫视从细腻“情感”出发，贵州卫视以“西部黄金”坐镇，山东卫视倡导“情义天下”， 湖北卫视以“公益”为主题，四川卫视和重庆卫视则通过讲富有地方特色的“故事”来吸引人气。这些特色定位，从总体上看，为各家省级卫视避开雷同化、同质化，寻求差异化、特色生存化与发展，聚敛了人气，提高了收视率，获得了较好的市场回报，值得肯定。

但是，在省级卫视的竞争中确实存在着各种问题和弊端。首先，竞争中存在着跟风、模仿甚至克隆的现象，缺乏原创力。一个节目火了，其他卫视立刻效仿出相应的节目类型。这对电视产业的长期发展十分不利，也使得节目缺乏品格、品位和差异性。其次，发展不均衡，省级卫视本在同一起步线上，但在竞争中，逐渐地拉大了彼此之间的差距，尤其是在不顾自己的省情，也不考虑本省已有的传统积累和资源可能性的情况下，盲目跟风，定位不清晰、不准确，甚至名不副实，就造成了“强者恒强，弱者仍弱”。第三，电视剧的抢播，你家3集连映，我就来4集、5集，总要抢到一部分观众。电视剧的多集连播，既不会增加频道品牌价值，也不会带来广告效益，因为广告投放有一个频次问题，电视剧一天3集的编排方式是恶性竞争，基本上是份额崇拜，份额起来了，但对频道品质没有任何效果，电视剧不具备影响力，不是核心竞争力所在。第四，大多数省级卫视在核心内容生产方面都处于尴尬状态，不像中央台那样完全超乎地域，没有任何地方色彩，可以让全国观众接受，也不像城市台那样贴近地域，以当地文化和新闻吸引当地观众，中国地域比较大，存在不同的方言和亚文化，一家省级卫视要覆盖多个亚文化区，存在困难。因此，需要认真面对严格的政策框架、资源短缺、品牌的不成熟等各种问题。

从省级卫视的个案来说，湖南卫视是国内同行中的佼佼者和领军者。其特点就是较早地找准了定位，并进行了市场化操作的尝试。湖南卫视起初的定位是

“新闻立台”，2002年将湖南卫视定位于“锁定年轻，锁定娱乐，锁定全国”，成功打造了“快乐大本营”这样自创的娱乐栏目，从此以娱乐为主打，畅行天下，并将这一定位延续至今。2004年10月，湖南卫视第一次在香港举行媒体推广会，并正式宣布，成立湖南卫视香港办事处——俊星传媒有限公司，被舆论称为“国内电视媒体海外扩张第一步”。湖南卫视非常注重自身所办节目的包装，并吸取海内外成功经验，加大新节目开发力度，并重视频道自身品牌的宣传推广，在近年成功地实现了以节目质量管理为中心向频道营运管理为中心的理性化转变。从“快乐大本营”到“超级女声”，湖南卫视已经形成品牌聚集效应，把娱乐节目产业链上的观众资源、企业资源、节目资源、衍生资源等有效统一起来，体现出了专业化运作、精细化营销的特色。湖南卫视的成功，得益于创造力和坚持走产业化之路。

江西卫视2005年推出“传奇故事”，开播不久就跃升并稳居全国卫视收视前十名，“传奇故事”可谓低成本运作的典型。该节目编导的工作重点之一是，低成本收购全国电视频道曾经热播过的法制类电视节目，收购价格低者四五百元一期，高者不过两三千元。然后，重新编辑成以讲述传奇的方式展现的“故事”，该节目的成功在于叙述方式的特色，主持人金飞在节目中经常使用一些俗语以及中国古典名著中的精彩句子总结评论故事，使节目中的故事与现实生活以及中国传统文化实现了链接。找准故事中的波折与高潮，以颇引人入胜的语言在讲述的时候逐步推出，这也是节目吸引人的关键所在。对情感类的真实传奇，往往用经典的古代故事与之对应，如讲到一个丈夫对出走的病妻不离不弃，勇走天涯将其找回的感人故事时，引用了《聊斋》中的经典故事，令观众为之动容的同时，也体会了东方式感情的美好传统。

2003年，上海卫视改名为东方卫视，定位于“现代，国际，青春”，力求个性化、差异化、风格化。其时尚和富有国际都市意味的节奏，令人耳目一新，实力增长明显，收视排名也逐渐靠前。

各省级卫视的成功案例，充分体现了“内容为王”的准则。“一个占主导地位的价值观被创造出来，根据这个价值观，内容这个最稀有的商品上升到了一个极其重要的位置，引发了所谓的‘内容竞赛’。那些不能在内容生产经营上有所建树的组织都会被排除在当前市场之外。”①

较牢固地掌控某一个内容领域，能结合频道定位和特色把内容经营好，这应该是频道经营的核心竞争力。内容控制的目标是，掌控类型资源，形成类型品牌，聚集平台效应。那么，省级卫视未来的发展方向是什么呢？

省级卫视的发展，涉及到一个区域经济发展的问题。日本著名的经济学家大

① 张晓建：《省级卫视：打造区域市场的多赢局面》，《声屏世界》2004年第8期。

前研一曾说，中国经济之所以20多年来保持了持续高速增长的奇迹，原因在于区域经济这一主导力量。“随着区域经济发展一体化的强势带动，以及在人口、文化、习惯等特征比较接近的人文精神撮合下，势必形成一个地缘相近、文化相通、习惯相同、经济相连的市场链，这种市场链就是区域市场特征的具体体现，它淡化了行政区域的边界概念，凸现更多的是因地缘关系而缔结的一种大市场模式，同时，也在全国和地方市场间形成一个新的区域市场空间。”①

区域化营销能为省级卫视带来更佳的传播效果，创造更大的传播价值，有的卫视在发展初期就打出立足全国的口号，适合有潜力的卫视。从投放习惯来看，广告商与广告公司习惯于在某一区域选择一至两个强势省级卫视来投放区域市场。做好区域经营，做成区域强势媒体，广告收入自然会增加，这对于省级卫视来说是至关重要的。而跨区域经营、集团化经营的思路，则可以整合更多、更好的资源和人才。

通过调查，除了黄金时间之外，广告商选择省级卫视的效用要明显优于“央视”一套。从根本上讲，在“内挤外压”的竞争大环境下，在“央视”及城市台夹缝中求生存、求发展的条件下，走整合传播和广告联播即由竞争走向竞合之路，是省级卫视共同做大电视市场、拓展生存空间的一条思路，也是寻找“央视”与省级卫视最佳媒体组合、使媒体与广告商共赢的一道门径。

同时，省级卫视的定位是相当重要的，内容生产经营是省级卫视生存与发展的根本。一家卫视如果没有自己的品牌栏目，没有差异化和特色化表现，将难以长久吸引观众的眼球，尤其是在目前越来越多频道的环境下。现阶段的发展，省级卫视频道不必贪大求全，要竭力实现特色分化和类型分化，并且致力与内容产业链的发展与变化形成特定的关系，凝聚在特定的区域文化或类型化内容方面去发展。随着制播分离等市场化条件成熟，社会力量成为生产源头供应环节，做专业频道的社会分工环境日益成熟，并可通过购买、外包、嫁接、委托定制等方式来整合节目资源和供应链。一旦产生稳定的节目群，就意味着频道定位与内容产业链正在形成良性互动。

另一个关键是管理能力的加强。一个产业发展到专业化阶段，就比较能够协调发展，核心企业对该产业的控制管理能力也会增强。在尝试特色化、走向专业化发展的过程中，省级卫视应增强控制管理能力。

省级卫视要充分发挥地域文化的特色。社会学将区域定义为“具有同质的地理环境与社会文化特征的一个较大地区”，文化学上的区域是“有内聚力的地区”，在经济学的观点看来，“区域是人类经济活动及其必需的生产要素存在和运动所依

① 张晓建：《省级卫视：打造区域市场的多赢局面》，《声屏世界》2004年第8期。

赖的‘载体’：地域空间”。[1] 可见，各个省级卫视频道拥有明显的地域文化传播优势。如方言的采用就很有效果，《元元说话》的北京特色，东北味道的《忽悠姐妹花》，川味的由非职业演员扮演的讲故事栏目等，都吸引了很多地域观众和对当地文化感兴趣的地域外观众。

五、通向电视产业大国之路

尽管近年来我国电视产业发展快速，但从国际视野来看，我国还属于电视产业小国，这与中国经济总量已居世界第四的地位极不相称。只有把中国电视置于国家和世界的大趋势中，我们才能从宏观层面、战略高度，来考察中国电视。

“现在全国在广电总局备案的频道大概是1 100多个。电视广告大概是300亿元人民币，不到40亿美元，1 100多个频道分40亿美元，而美国一个综合频道一年就是50亿美元。”[2] 电视从一种发明到媒介再到产业，美国经历了18年的时间，而更晚起步的中国电视，至1987年才被政府认可为第三产业，此时距开办电视的1957年，已有30年之久。中国电视观众的数量世界第一，中国电视台的数量世界第一，中国电视频道的数量世界第一，但是全中国3 000多家电视台的年广告总产出还不到美国时代华纳一家公司电视领域收入的60%。年产出百亿元人民币的中央电视台被誉为中国电视传媒产业的航空母舰，且不拿大国和强国的电视公司来比，就说欧洲小国卢森堡电视台，其年产出已近30亿美元。[3] 由此足以说明，中国的电视产业还需要长足的发展。

这里，试归纳出众多论者针对中国电视产业发展提出的十大要点：

1. 中国电视改革最大的矛盾在于，市场准入和宣传体制之间的矛盾。

中国的电视行业受体制和机制的双重制约。出现各种弊端的本质原因是，电视行业建设一直与行政监管同步，但现在电视台的生存与发展却越来越多地依靠市场。这就必然产生许多体制和机制方面的制约。只有在妥善协调双重制约的基础上，才能得到长足的发展。

2. 必须实施精品策略。

在电视的投入方面，中国的节目投入比外国少得多。20世纪90年代中期，美国电视剧的投入大约是200万元人民币一集，中国则是8万～10万元人民币。现在，美国优质电视剧的成本已达到1 000万美元，而中国电视剧达到四五十万元人民币一集就很高了，比值依然没有改变。美国以高度集中的生产方式，一年生产的电视剧非常少，因此多为精品。这些精品远销海外，创造了极高的经济效益。我们生产的电视剧虽然剧集多，但大多数只能卖给国内电视台，不能产生“出口”

① 于珧：《弘扬地域文化特色 提升省级卫视频道品牌价值》，《当代电视》2007年第3期。

② 梁晓涛、靳智伟、胡智锋：《2006：中国电视忧思录》，《现代传播》2001年第1期。

③ 该段数据参考夏骏、胡智锋：《十字路口的中国电视》，《现代传播》2007年第2期。

效益，只有少部分电视剧可以远销海外。制作精品是长远发展所必须实施的策略。

3. 追求区域发展和跨区域发展相结合，注重产业链的长期建设。

电视产业的内涵远不止电视产品本身，产业本身的延伸能力很强，因此必须注意产业链的上下游延伸。针对电视媒体点对面的传播模式，中国电视的投入能力有限，而电视台和频道的数量都太多。中国电视要认清自己的优势，有效运用核心资源。打造强势的传媒主品牌，发展具有规模的影视产业集团，创建“大电视产业价值链”，并且利用上下游相应链条环节，实现“点对面”和“点对点”的传播，满足越来越盛行的分众化需求，最大限度地获得受众市场的份额。对上游的制作业参与合作，对下游节目内容资源在IPTV和其他终端媒体上销售，并进行出版书籍、光碟、策划活动等衍生产品的经营，形成一个“上游开发、中游拓展、下游延伸”的产业链条。比如，湖南卫视对“超级女声”、“央视”对“百家讲坛”产品的推广就是成功的案例。从产业链的另一端来看：分析、咨询等延伸、增值服务，将成为新闻媒体的基本产品，信息产业与观念产业将成为新闻业的下一步选择。

4. 实现电视产业的跨文化传播。

一方面，我们需要“入口”多元化，多种制作力量和资本投入可以带来电视内容的巨大拓展，另一方面，我们也需要避免“出口”单一化。就是说，我们不能仅靠单一的收视率和广告赢利模式，应该把电视节目作为一种产品资源，进行赢利模式多元化，以此拓展“出口”。文化产品是延伸利润很大的产业。完全可以把中国丰厚的文化遗产，盘点成现代的传播娱乐题材，然后交流到国际传播市场，让外国观众用我们的方式思考问题，这样，才能真正发挥电视的文化影响力。用美国经济学家瑟罗的话说：“人类的文化和人类的价值观有史以来第一次为追求利润最大化的电子媒介所左右。人类社会几乎彻底地让商业市场来决定他们的价值观和模仿的榜样，这是前所未有的。无论从深度还是广度上说，电视创造的文化渗透力也是前所未有的。”①

5. 通过与国际先进方式的比较来优化我国的操作方式及生产方式。

从早期的情景喜剧、娱乐类节目，到后来的益智类节目、故事化纪录片、真人秀，这些类型先后作为可资借鉴的模型或理念被引入中国，不断掀起了大大小小的不同程度的热潮，引发了生产理念、节目形态甚至是制作模式的变更。但是，由于中西方生产方式、生产内容的不同，不同的类型/模式在我国的仿制，既有成功，也有失败。仿制未尝不可，关键是把握核心竞争力。

① [美]瑟罗：《资本主义的未来》，中国社会科学出版社，1998年，第80页。

6. 利用高科技提高产品竞争力。

随着数字技术的普及和有线电视的兴盛，电视产业对技术的要求越来越高了，所以，传统媒体与信息技术的融合是必然趋势，电视产业与信息产业之间存在着许多交叉地带。

7. 制定一些保护性措施，在开放中保护中国的电视产业。

我国政府的一些规定，如不得私自接受境外卫星电视等，在一定程度上保护了国内的电视业。目前需要制定的是，更为全面和具体且符合我国国情的一些保护措施。

8. 中国的文化创意产业非常薄弱，亟待加强。

这一方面与低成本、大规模的复制有直接的关系，另一方面也反映了对创意的重视不够，而创意是电视产业发展的关键所在。在创意方面，一定要下大功夫，并充分利用本土特色，创造符合本土观众欣赏的电视文化。

9. 让电视媒体的产业属性和文化责任相关联。

不仅要“影响有影响力的人”，而且要在这种影响力的基础上，努力提高收视率。

10. 抓住时机，利用奥运、世博等国际重大赛事和盛会的空前发展大机遇。

2008年的北京奥运会和2010年的上海世博会，是中国电视产业发展的大好时机。应充分把握住这一良机，努力让中国不仅成为拥有电视机器的第一大国、看电视人口最多的第一大国，也成为电视产业规模和效益的大国。

第三节 小结与思考

目前，中国的电视产业处于一个上升阶段，已迈过了起步阶段，向进一步的产业化方向发展。在这个阶段中，将出现很多富有阶段性特色的产业特征。

中国电视产业处在成长的阶段，势必有许多的不足，在产业化的方面，需要学习别国产业化迅捷而有成效的经验。特别是迫切需要积极地学习类似韩国这样的国家，系统制定符合国家形象提升和民族文化传播的文化战略。顺应中国生产力的状况，建立起符合生产力发展阶段的产业制度。

本章讲述的几个案例，无论是湖南卫视“超级女声”这样富有开创性意义的娱乐节目及其形成的产业链，或是类似黄健翔“终场前的一声吼”这样超出电视常规的个性化因素，还是“百家讲坛”如一坛越酿越香的陈酒，酿就“易中天如日中天”这样的大众教化现象，对中国电视产业的发展，无不深具建设性的启迪意义。

殷切希望中国的电视产业，在一系列的自我更新与探索中，逐步实现成长为世界电视产业大国的梦想。

思考题

1. 有人认为“易中天现象”体现了学者和电视传媒的成功结合，也有人认为这一现象透露出学术被电视异化的窘境，对此，你的观点是什么？
2. 黄健翔的“解说门”事件在中国电视产业发展过程中有什么意义？
3. “超级女声”作为中国电视史上轰动一时的媒体事件，其典型性及对于中国电视产业的启迪意义何在？
4. 从中国省级卫视发展道路和当下特点来看，符合其发展趋势的方向是什么？
5. 在通往广电大国的发展道路上，中国的电视产业特别需要注意加强哪些方面的建设？

第七章

明珠和宝岛的传奇
——港台电视业

第七章　明珠和宝岛的传奇——港台电视业

第一节　港台广电业概说

港台两地的广播电视产业有一个共性——虽本地市场不大，但由于发展时间长，以及有较开放的制度，因而拥有丰富的内容与傲人的成绩。它们的发展历程，是华语媒体史上的重要参照，亦是珍贵的内容资产与经验累积。然而，港台两地广播电视产业又各有不同的特色，它们各自的文化与性格，源于两地居民结构、社会环境、产业制度的不同。

香港是一个国际化都市，但除了不说华语的外国人外，几乎所有居民都说广东话，过去外地人到香港的第一件事就是学会广东话，广东话是香港除了英语之外最通用的语言。香港电视从发展之初，就充分反映如此的语言结构，主要的广播与电视频道都设有英语台与中文台(广东话台)：1957年设立的第一个电视台"丽的电视台"(RTV)即先开设英语台，后开设中文台(广东话台)；香港收视人口最多、历史最长的电视台"无线电视台"(TVB)亦有中文台(翡翠台)与英文台(明珠台)。香港居民以广东人为主，而曾被殖民的背景与国际商业都市的定调，使香港同时拥有与生俱来的国际性与传统性，这也是香港耐人寻味的独特之处。

台湾的情况则与香港截然不同，在台湾的外籍人士不多，主要居民都是讲汉语的中国人（越来越多的外籍新娘使得人口结构正在发生质变）。台湾人习惯将台湾的居民分为本省人（较早从福建移到台湾定居的闽南人）与外省人(闽南之外来自大陆各省的人士)，以及后来逐渐受到重视的客家族群与所占比例较低的原住民(以部落形式最早居住在台湾的非汉人族群)。从台湾的居民结构看，就好像是整个大陆的一个精致浓缩版，而较早移居到台湾的闽南族群，发展了与闽南看似相似其实又有所差异的草根性文化。居民结构反映到台湾的广播电视的内容上，形成了既本土又多元的特色，非常本土的乡土剧以及背景都在大陆的历史剧、武侠剧，同时受到本地观众的喜爱。

台湾的电视主要突显出的是地域特色，发展至今，无奇不有；香港的电视则反映其商业特色，有观众则播之，没观众就停播，剧情也常依观众喜好进行调整。简而言之，蓬勃发展的港台两地广播电视产业都呈现了商业性与通俗性、娱乐性与休闲性、兼容性与多元性的特色。

一、台湾广电业

1. 广播

台湾的广播从20世纪20年代日军占领台湾时开始发展。1928年，日伪“总督府”在台北建立了台湾广播电台，使用日语播音，之后在台湾的东部、中部、南部地区也都设立了广播电台。1945年，日本投降后，国民政府接管了台湾的广播电台，将其并入官方的“中国广播公司”。50年代之后，台湾的广播在规模上开始有较大的发展，1949年还只有10家电台，50年代末已有15家，到了60年代末已发展到26家。

1968年，“中国广播公司”（简称“中广”）在台北的调频广播正式播音，一年后，陆续在台湾各地设立调频电台，形成覆盖全台湾的广播网。“中国广播公司”由国民党创办，是官方性质的广播机构，多年来一直是台湾规模最大的广播电台，受国民党中央委员会和“行政院”双重领导。与此同时，军中电台、警察广播电台、教育广播电台、台北国际小区电台相继开办调频广播，台湾广播开始进入调频时代。

20世纪70年代开始，台湾的专业广播电台迅速兴起。最早的专业广播电台是成立于1955年的台中农民广播电台，一天三次针对农民进行广播。第一座专门报道交通路况的电台则是1971年由警察广播电台成立的台北交通电台，24小时播音，为开车的司机们发布最实时的路况消息，并穿插音乐、谈话等节目内容。1973年，“中国广播公司”设立了新闻专业台，同样24小时播音，每15分钟到30分钟播报一次新闻。随后，“中国广播公司”又开办了农业与渔业广播电台，并于1979年设立了专为住在台湾的外籍人士服务的台湾国际小区广播电台（ICRT）。

20世纪60年代后，台湾在美国的支持下设立了地面卫星系统，1969年，“中国广播公司”第一次租用国际通信卫星，独家转播在美国举行的中华金龙少年棒球队与美国西区队争夺世界冠军比赛的实况，开启了运用通信卫星传输信息的先河。1992年，台湾主管机构在各界的压力下，开放了广播频道，民营的广播电台于是大量涌现。在短短几年间，台湾的广播电台由原先的33家增长到150多家，并形成三个层次的调频广播网——覆盖全台湾的全岛级电台、覆盖部分地区的地区级电台、仅对社区播放的社区级电台。此外，还有一些没有执照的“地下电台”，他们依靠销售自称有神奇疗效的药品为生，散布煽动性的言论吸引听众，成为台湾广播业规范的一个死角。

2. 电视

● “解严”前的老三台时代

台湾在1987年“解严”① 之前，媒体受到政府的管控，早期成立的媒体都具政府背景。最早成立的电视台是1962年开播的“国立”教育电视实验广播电台(教育电视广播电台)，由“国立”教育资料馆与“国立”交通大学电子研究所合作设立，每周仅播出2～3小时的黑白电视节目，内容为教学、教育方面。第二座电视台是由台湾省“政府新闻处”筹办的“台湾电视事业股份有限公司”(台视)，每日播出5小时的节目，内容分新闻、社教、文艺三大类，并带有少量的广告，为台湾第一家商业电视台。1968年，台视开始播送彩色节目并在台湾抢先播出外国彩色影片。台湾第一个直播综艺节目“群星会”即由台视开办，被称为台湾大型综艺节目的始祖。

1969年，第二家商业电视台——“中国电视事业股份有限公司”(中视)在台北开播，由民间与当局各出一半资金，每周播放57小时的节目，全部彩色播出并推出轰动全台的连续剧《晶晶》。中视的出现，打破了台视独家经营的局面，并推动台湾进入彩色电视时代，同时也刺激了广告量的增加。台视与中视的开播，对最早成立的教育电视台造成极大的冲击，于是经营者将教育电视台改组成“中华电视台”(华视)，一天播放8小时的节目，于中午、晚间时段播放综艺节目，上午播放教学节目。1974年，华视播出长篇连续剧——350集的《包青天》与256集的《保镖》，开创了播放时间最长与收视率最高的辉煌纪录。

台湾最早的电视产业格局随着华视成立而形成，三家商业电视台播出的内容皆受当局控制，俗称为“老三台”；“解严”之后，虽然当局的控制力降低，但随之面临的是百家争鸣的严酷竞争局面，包括有线电视台、卫星电视台以及后来成立的另一家无线电视台(民视)，“老三台”不再拥有独占的优势，合并与公营化之声随之而起。

● “解严”后的百家争鸣格局

此时，台湾媒体市场类型由封闭的寡占型转变为开放的竞争型，过去只有3家无线电视台，现在包括卫星电视在内，电视台数量超过160家。1993年，台湾

① 1987年7月14日，蒋经国颁布“总统令”，宣布解除在台湾本岛、澎湖与其他附属岛屿实施长达38年的戒严令。

通过《有线电视法》修正案，原本非法利用电缆传输内容的“第四台”随即合法化（“第四台”是有别于老三台的有线频道的通称）。到2001年底，台湾有37家有线电视台，另有63家获得全区营运许可证的有线电视系统台，从而打破了3家无线电视台对电视市场的垄断局面。目前，台湾较具影响力的有线电视台有中天、东森、TVBS、三立、八大等。据台湾“信息工业策进会”调查，台湾有线电视普及率高达81%，高于美国与加拿大的67%，德国的56%，日本的14%，香港的29%，不仅是亚洲最高，也名列世界前茅。平均每一个有线电视收视户，可以每个月不到20美元的费用收看80个左右的频道。

随着“解严”，台湾的电视环境从当局掌控的时代走入由经济力控制的市场化年代，多频道的激烈竞争带来有创意的节目内容，但同时也制造了许多为争取收视率而不择手段的节目，于是有人提出创办一个非民营、非国营的公营电视台。经过多年的催生，公营的公共电视台（公视）终于在1998年成立。公视的经费来源主要来自当局预算、企业赞助与民间捐赠。第一年得到的当局预算为新台币12亿元(约合人民币3亿元)。从2001年开始，当局预算维持每年新台币9亿元。

公视致力于文化、教育性节目，并关注商业电视台鲜少在意的弱势族群，如原住民、身心障碍者、外籍新娘等。在电视剧方面，则以制播精致的文学剧为主，如根据作家琦君作品改编的《橘子红了》以及白先勇作品改编的《孽子》等等。成立至今，公视的平均收视率虽难与商业电视台相比，但精心的制作使它得奖无数，是历年台湾广电业主要奖项“金钟奖”的大赢家。

二、香港广电业

1. 广播

香港第一家广播电台GOW诞生于1928年，由港英政府出资开办经营，为无广告的官办电台。一开始只有英文台，1934年增设用广东话播出的中文台。1941年，香港被日军占领，曾一度停播。1945年，香港由英国重新接管后恢复播音，1948年改名为“香港广播电台”。20世纪70年代前，由于港英政府的控制严密，香港广播电台没有独立发布新闻的权利，直到1973年才开始能自行采制新闻节目，并向商业电台提供新闻，之后陆续设立各种专业台，到80年代末，香港广播电台已有7个分台。

1986年，港英政府决定给香港广播电台相对的独立性，但仍保留其公营性质，自此，香港广播电台的经费来源不仅来自政府拨款，亦可接受部分赞助和捐款。香港的广播技术发展较快，1960年就开始采用超短波调频广播，1976年首次播出调频立体声节目，是亚洲第一个采用立体声广播的电台。1949年，英商丽的呼声(香港)有限公司开办了丽的呼声广播电台，结束了香港仅有一家香港广播电台的独大时代。不同于香港广播电台，丽的呼声使用有线传输方式，听众须按月付费，设有一中文台、一英文台，开播时仅有400家用户，不到一年已达2万户，到1950年用户已超过4万户。1956年又开办第二个中文台，专门播出广州话、潮州话、上海话等方言节目，到1959年达到全盛期，用户突破100万户。之后，丽的呼声转而经营电视，到1973年即停办广播业务。

1957年，香港商业广播有限公司经过竞标取得唯一的商业牌照，于1959年开办了商业电台，为一家以广告为收入的民营电台。1982年开始，它的两个中文台全天候播音，成为香港拥有最多听众的电台。1990年，香港嘉禾、复宝电影、和记通讯三大财团和美国广播集团组成的高艺广播有限公司竞标，得到香港第二家商业电台的牌照，于次年开办了新城电台，设有新闻台、劲歌台与金曲台，它以分众为策略，使香港形成4家广播电台并存的局势。

2. 电视

香港第一家电视台为1957年由英国“丽的呼声(香港)有限公司”出资创办的“丽的电视台”(RTV)，为一家采用地下电缆输送黑白电视节目的有线电视台，用户须按月交费。丽的电视台一开始只设英文台，1959年后分为中文台(黄金台)与英文台(钻石台)，丽的电视台独占香港电视产业达10年之久，直到香港第一家无线电视台诞生。

1967年，香港电视有限公司开设了无线电视台(TVB)，它以无线播出的优势争取到80%以上的观众。1973年无线电视台开始以彩色播出，开启了多姿多彩的香港电视产业。为回应竞争，丽的电视台也转而发展无线电视业务，1973年开办丽的无线电视中文台，次年增设英文台，并停播原有的有线电视台。丽的电视台于1982年因股权移转，改名为亚洲电视广播有限公司(亚视)。

1975年，香港的第三家电视台——佳艺电视台(佳视)成立。佳视与其他电视台不同，它只设中文台，初期引进台湾的电影电视片播出，并在深夜播放成人节目。该台因财务等原因仅存活了短短3年，但却有许多创举，对后来的香港电视产业有不少影响，例如启用新锐导演徐克，拍摄电视剧《金刀情侠》一鸣惊人；又如倾力拍摄根据金庸名著改编的《射雕英雄传》，开启了香港拍摄武侠剧的先河。

香港的电视产业从一开始就定调为完全市场化的民营商业电视台，至今所有电视台都是民营电视台。唯一带有政府色彩的是香港广播电视台，它由港英政府于

1970年成立，但该台仅负责制作节目，播出则交由商业电视台于黄金时段无偿播放。

20世纪90年代，香港电视产业进入卫星时代。1990年底，港英政府批准“卫星广播（香港）有限公司”通过亚洲一号经营卫星电视，经营期限为12年，是香港第一家卫星电视机构，主要股东是香港富商李嘉诚家族。次年又成立子公司“香港卫视”，下设5个频道——体育台、音乐台、新闻台、中文台、合家欢台，一天24小时播出。1993～1995年，默多克的新闻集团分两次购入香港卫视的全部股份，接管了卫视。2000年，香港卫视已拥有包括凤凰卫视在内的40个频道，在亚洲地区53个国家和地区计有3亿多观众。

90年代的另一特点是，中断了20年的有线电视又重新出发。1993年，香港九龙集团所属的“九仓有线电视有限公司”获经营有线电视的许可，以8个频道的规模开播，到1999年已增设到36个频道。九仓有线电视与以前香港的有线电视不同的是，采用了现代通讯和传输技术，一开始以微波网络传送信号，后逐步转成光纤网络。

第二节 经典案例透析

一、不败的金庸剧与琼瑶剧

武侠小说、言情小说何其多，唯金庸、琼瑶的作品成了“电视台金矿”。好莱坞的大众主流电影通常也能拍续集，但往往需要重金打造才能赢得票房，而金庸与琼瑶的作品却并非如此，根据他们的小说拍摄的电视剧极受欢迎，即使是重拍也能缔造高收视率纪录，堪称华语电视史的奇迹。时代到目前为止，还考不倒金庸剧、琼瑶剧，只要在剧中加入一些时代的新元素，换上新演员，它就能再次拥有新的生命，并吸引一群全新的观众。当然，老观众也可能持续关注，哪怕是批评拍得没以前好，却依然一集又一集地看下去，于是，电视台的黄金时段收视又持续红火了，广告时段又能卖上好价格了，其他电视台又要紧张了。

喜欢金庸的“金迷”们，对于把金庸的作品与琼瑶放在一起讨论或许不以为然，确实，两人除了都有作家身份之外，并没有太多共性，但对于电视产业来说，这两人的作品所改编拍摄的电视剧，着实都是收视率的保证，都能吸引大群的观众守在电视机前，心情跟着剧情高潮迭起，并且在全球各地的华人市场中，都能受到热烈的欢迎。本节欲分析、归纳根据这两位作家的小说所拍摄的电视剧为何能成为电视台收视率的保障；并思索在金庸与琼瑶之后，新的“电视台金矿”如何产生。

1. 金庸剧

● 刻画人性的金庸剧

> 我写武侠小说实际是写人性。
> 人类历史中，很多东西都会变，
> 政治、经济都会变，
> 但是人性、爱情这些东西长时间不会变。
> ——金庸

金庸小说成为芸芸武侠小说中转拍成电视剧最多次数的经典，并非偶然。金庸的武侠小说早在搬上大小屏幕之前，就已经轰动华人世界。孔庆东在《金庸评传》一书中指出："金庸的读者是以亿来计算的"，金庸"是全世界古往今来读者最多的作家。活着的时候读者就以亿来计算的作家，只有金庸一个人"。这位香港明报的创办人，32岁发表第一部武侠小说《书剑恩仇录》一鸣惊人，从此开始过着一手写武侠小说、一手写报纸社评的勤奋生活，并在最后一部武侠小说《鹿鼎记》问世、创作达到尖峰时宣布封笔。之后，又花了10年的时间修改所创作的小说。金庸的博学多闻、才华出众以及严谨的创作态度，使他顺理成章地当上了武侠小说创作的盟主。

● 全数翻拍且重拍不停

金庸的15部武侠小说，每一部都被改拍成电视剧或电影，其中有12部翻拍成电视连续剧，有几部重拍了很多次，不仅香港拍，台湾、新加坡也拍，如今则是中国内地和港台大合作继续拍。单单统计电视剧，12部著作从20世纪70年代至今，已拍出50部左右的电视连续剧，其中以《神雕侠侣》重拍次数最多。这些电视连续剧翻拍的次数，统计如下：

翻拍作品	拍摄次数	年代／版本
雪山飞狐	4	1985 TVB, 1991台视, 1999 TVB, 2006 王晶版
连城诀	2	1989 TVB, 2002内地
天龙八部	4	1982 TVB, 1991中视, 1997 TVB, 2002央视
射雕英雄传	5	1976佳视, 1988中视, 1993 TVB, 1994 TVB, 2001央视
鹿鼎记	5	1984 TVB, 1984中视, 1998 TVB, 2000华视, 2007央视

（续表）

笑傲江湖	5	1984 TVB, 1996 TVB, 2000中视, 2000新加坡, 2001央视
书剑恩仇录	5	1976 TVB, 1987 TVB,1991华视, 1994内地, 2002新加坡
神雕侠侣	7	1976佳视, 1983 TVB, 1984内地, 1995 TVB, 1998新加坡, 1998台视, 2006央视
侠客行	3	1985华视, 1989 TVB, 2002 内地
倚天屠龙记	6	1978 TVB, 1984台视, 1986 TVB, 1993台视, 2001 TVB, 2002华视
碧血剑	3	1985 TVB, 2000 TVB, 2007内地
越女剑	1	1986亚视

率先将金庸小说搬上电视屏幕的是香港的佳艺电视台，翻拍《神雕侠侣》与《射雕英雄传》。此时，无线电视台意识到金庸剧的威力，开始抢购转拍电视剧的版权，第一位无线电视台的金庸剧男主角是郑少秋，分别于1976年演出《书剑恩仇录》、1978年演出《倚天屠龙记》，两部戏拍下来，不仅让郑少秋大红大紫，也是金庸剧人气全面爆发的开始。80年代，金庸剧进入无线电视台拍摄的黄金时期，由刘德华、陈玉莲主演的《神雕侠侣》创香港有史以来最高收视纪录62个百分点（每点代表6.4万人，即香港约300万人看了该剧）。这个时期，无线电视台以尽量忠于原著的改编剧本，并由无线电视台演员训练班培训出来力捧的演员倾力演出，此外还有才华洋溢的作词作曲者黄霑等人谱出经典的主题歌，所有这些因素，让这个时期的金庸剧虽没有豪华的特技效果与真实的场景，依然部部强档，屡创高收视纪录，赢得无数香港以及海内外华人的热爱。

20世纪90年代，金庸剧展开第一轮重拍的风潮。1992年开始，TVB在重拍之前陆续拍了几部前传故事，例如：1993年的《射雕英雄传之九阴真经》，讲述东邪黄药师与妻子阿衡的故事；1995年重拍《神雕侠侣》，由古天乐、李若彤主演，当时面色白皙的古天乐凭杨过一角红遍东南亚，为他后来在电影界的成就打下基础，而"小龙女"李若彤也由此升入一线女星行列。总的来说，这一轮重拍风潮，声势不如80年代的金庸剧。一方面80年代的部部经典使得相隔不到10年的重拍不易赢得观众的心，另一方面也受到香港收看电视人口减少的影响。然而，跨入21世纪后，金庸剧又因内地认真的拍摄制作而重生。

这一轮内地金庸剧的拍摄主要领军人物是制作人张纪中，他以真实的场景加上计算机特效的新质感，拍摄令人耳目一新的金庸剧。但是，他的第一部金庸剧

《笑傲江湖》一播出竟引来骂声连连，批评声浪主要针对编剧、选角与原著不够相符。金庸迷相对于其他多数通俗小说改拍的电视剧观众来说，似乎是更为严肃的人群，电视编剧们如果擅自改编金庸小说，通常会引来批评声浪，并且直接反映在收视率上。此外，他们还很注重电视剧是否拍出了小说里的意境，可以说，金庸迷是督促金庸剧不断前进的一股强大力量，他们忠诚且认真。

张纪中很快体认到这一点，之后所制作的金庸剧《射雕英雄传》（李亚鹏、周迅主演）、《天龙八部》（胡军、林志颖主演）、《神雕侠侣》（黄晓明、刘亦菲主演）都标榜忠于原著，果然每一部都获得极佳的成绩。其中，《天龙八部》在台湾播出时，还破天荒地打败向来保持最高收视率的闽南语本土剧，这不仅使得以25 000美元高价购得首播权的台湾无线电视台“中视”士气大振，更让人确认了一件事——30年后金庸剧宝刀未老，依然魅力非凡、不容轻视。

倚天屠龙记
Heaven Sword & Dragon Sabre
武侠宗匠金庸巨著
经典剧目不容错失
影视红星郑少秋/汪明荃/赵雅芝主演
武林至尊宝刀屠龙 号令天下莫敢不从
倚天不出谁与争锋
十四集连续剧
贵州东方音像出版社出版发行
北京宏影文化传播有限责任公司总经销

金庸剧的各种海报

九一神鵰俠侶
主演
劉德華
梅艷芳
郭富城
葉蘊儀
導演
元奎
黎大煒
監製
黎大煒
陳佩華
SAVIOR OF THE SOUL
starring
ANDY LAU
ANITA MUI
AARON KWOK
GLORIA YIP
directed by
COREY YUEN
DAVID LAI
produced by
CHAN PUI WAH
CnMDb.com

雪域高原 两雄相斗天地色变
世代恩怨 侠骨柔情至死不渝
武侠泰斗金庸名著
雪山飛狐
四十集古裝武俠電視連續劇
孟飛
伍宇娟

2. 琼瑶剧

● 专写爱情的琼瑶剧

> 艺术家和商人并不矛盾。
> 我从来不标榜自己是一个了不起的艺术家，
> 我想自己应该是一个出卖自己劳动力和智慧的商人。
>
> ——琼瑶

另一个被电视台视为戏剧王牌的是言情小说作家琼瑶。她与金庸的不同之处是，除了自己写小说外，也极大程度地参与根据她小说改编拍摄的作品。每一部根据她小说拍摄的电视剧，都由她亲自改编剧本、参与选角工作与拍摄过程。转拍过程由小说作者本人主导，将自己创作的故事通过不同的媒介开创出新的生命，琼瑶是第一人。

● 掌握各个时代的强势媒体

琼瑶成名很早，从第一部小说推出，就成了言情小说的畅销作家。小说的成功使她有机会很快地将创作的舞台发挥到电影的大屏幕上，开启了台湾的琼瑶电影时代。电视的出现，使看电影的人口减少许多，琼瑶的“三厅”电影(指仅在客厅、餐厅、咖啡厅里拍摄)也不再如以往红火，但琼瑶并没有退回只写小说的旧路，而是很快从电影转战到电视。1986年，琼瑶与台湾的中视合作，制录了她的第一部电视连续剧《牵情》，此剧如同她的小说一样一鸣惊人，奠定了她进军电视的基础。同年，她转与华视合作，推出第二部电视剧《几度夕阳红》，于黄金时段晚8点档播出，并启用秦汉、刘雪华这一对琼瑶电视剧长年受到欢迎的演员，从此琼瑶剧一发不可收拾，成为“8点档之霸”，几乎每年都有一部或一部以上的琼瑶剧推出，收视率高达40%，其中1987年播出的《庭院深深》，收视率还突破了50%大关。

琼瑶剧的各种剧照

自认也是个商人的琼瑶，不仅自己投入各项翻拍工作，她的一家人更是她强有力的经营团队。最早，琼瑶的小说即由她后来的夫婿平鑫涛创办的皇冠出版集团出版，进入电视时代后，还成立了三家影视公司，由她的儿子与儿媳妇领军，即使是后来授权内地拍摄，仍由她的儿媳妇到大陆担任制作人，因此，琼瑶在每一部她的作品翻拍、制作过程中，都拥有一定的主导力并且全程参与。例如内地拍摄的《情深深雨濛濛》与《又见一帘幽梦》，都由琼瑶亲自率领编剧团队改编剧本，并参与选角、看毛片等工作。如果说，故事紧扣吸引大众的爱情主题是琼瑶剧受到欢迎的主要因素，那么，“家族企业”式地投入翻拍工作，以及琼瑶本人对市场的敏锐嗅觉与追求完美的个性，则是琼瑶剧得以数十年来屹立不倒的深层原因。

数十年来，琼瑶剧并非没有危机，只是在危机才出现时，琼瑶已找到转机，步向另一条开创之路。第一次转战是将小说搬上电影，第二次转战是从电影转到电视，第三次转战则是将重心从台湾移到大陆。

● **看准趋势转战内地**

1988年，台湾开放大陆探亲，琼瑶便兴奋地走访大陆各地，并在她的小说中将台湾背景转成大陆，也从现代改到更具想象空间的民初、清朝。尽管新的创作故事仍只讲爱情，主角还是不食人间烟火，但浪漫轻松的内容，仍得到广大读者的喜爱。内地擅长于节目营销的湖南卫视电视台，看准了琼瑶电视剧这块金矿，开始与琼瑶展开一系列的合作。琼瑶剧自此从台湾转移到大陆，不仅在大陆拍摄

《还珠格格》剧照

新戏并重拍过去的作品，还将旧作拿到大陆播出作为对市场的试探。每一剧播出，尽管仍有不少批评声浪，但皆传出佳绩。琼瑶与大陆的合作，让年龄与资历都已是“教母”级的她，再次攀上又一个事业高峰。

20世纪90年代的琼瑶剧《还珠格格》缔造了收视率高、寿命长的佳绩。这部清宫浪漫剧于1998年首播时，不仅创高收视率，之后多次重播依然成绩不菲，接着拍摄的两部续集依然受到观众喜爱，往后只要重播，收视率就会窜升。2006年，湖南卫视开拍的《又见一帘幽梦》改编自琼瑶1969年出版的小说《一帘幽梦》。《又见一帘幽梦》的剧本，由琼瑶亲自率领编剧团队进行改编工作，将作品年轻化并与时代接轨，启用年轻人喜欢的偶像参与演出。剧本中许多细节都经过改写，例如在剧中加入了现在生活中必备的手机，将过去流行的摩托车换成现在常见的汽车，而在台词上也按现代年轻人说话的方式改写。在琼瑶剧已经退烧的舆论下，湖南卫视依然大胆为此剧砸下近3 000万元的制作费，电视台承受相当大的回报压力；然而《又见一帘幽梦》于2007年7月首播时，虽成绩不如《还珠格格》(收视率53%)，但仍然夺得全国收视率第一的佳绩，18个城市收视率综合为44.96%，到达率为21.5%，换句话说，全国看了该剧的人数达到了1.6亿。

《又见一帘幽梦》证明了琼瑶剧即使被批评为“炒冷饭”，却依然炒得香喷喷，炒得有市场，但此剧回到琼瑶生长的台湾播出时，成绩却不如大陆。台湾的无线电视台华视以每集60分钟168万元（逾5万美金）天价，买下《又见一帘幽梦》台湾无线台的播映版权，但首播时，收视率大不如琼瑶过去的成绩。其中原因，除了无线与有线电视台竞争激烈的客观因素之外，该剧以大陆观众为主要收视对象，不一定能贴合台湾观众群的口味，可能也是一个因素。大陆拍摄的金庸剧在台湾极受欢迎，而同样在大陆拍摄的琼瑶剧，回到台湾则不如从前，可见即使是面对大众的通俗剧，依然有地域性与流行性，在不同地区仍存在着微妙的差异。

3. 谁是下一个武侠剧、言情剧之王?

● 类型化的电视剧

通俗小说往往有公式可寻，但并非所有的通俗小说翻拍成电视剧都能成功，金庸剧与琼瑶剧必定有过人之处。单从故事题材来看，金庸深刻的人性刻画与各种影射，使爱看金庸的人分布极广，几乎是任何阶层、年龄层都有；而琼瑶只写爱情，梦幻得无可救药，剧中的男女主角都是为爱而生，因此能在各个时候吸引对爱情抱着幻想的群众。琼瑶剧受欢迎的同时，也饱受批评，批评主要针对她千篇一律的公式化写作模式；然而，一个成功的公式往往就是电视剧收视的保障。

回头看香港的电视剧，从20世纪70～90年代虽有不断的发展与创新，但同时也确立了一些相对稳定的类型，公式化、类型化在文学价值上可能是减分，但对于以大众为收视目标的电视剧来说不仅能加分，还是一种铁律。但需要强调的是，公式化、类型化不代表毫无创意，只是它必须符合观众的喜爱，要为观众而生而非为作者而生。通俗作家也不是将自己的水平降低到与大众相同，而是要与大众合作，摒弃自己的人格特质并认同读者。(H.史密斯，1950）类型，其实来自观众看电视剧的经验，而公式，来自于大众的向往与追求，可见，通俗剧创作的过程其实就是亲近观众的过程，从中开掘出受欢迎的内容，而不只是简单的重复原型。

● **挖掘新时代的电视台“金矿”**

所谓“经典”，指的是经得起时代考验的作品，如莎士比亚的剧作，可以不停地重复演出或拍摄。金庸剧与琼瑶剧已有超过30年受到观众喜爱的历史，比任何其他华语电视剧都更能称得上是经典。重复拍摄只要能拍得好并受到观众的喜爱，肯定是有创意的作品，21世纪最重要的议题是环境保护，各方致力于如何使资源回收、再生、再利用，其实，创意产业也是如此。如何使原有资源再次回收并发挥最大效益，是广电产业努力的方向之一，而如何诞生新一代的金庸、琼瑶，更是华语媒体的当务之急。

一个创新的点子很可能来自灵光一闪，可遇不可求。但是，当点子丰润成一个创意并且落实的时候，靠的便是过去创作者在各种领域上的努力与积累。金庸对历史与政治的一生热爱，使他从年轻到老不停钻研，所有的努力在他的小说里都能看见，他的通俗小说常有深刻见解与描写。琼瑶则是从小热爱传统诗词的文艺女青年，她的小说名称都来自古代诗词，她自己在创作小说之余，亦为她的电视剧填词，谱出多首动听的歌曲。这些跟挣钱或力争上游无关的热情与兴趣，在创作者年轻时或许还换来浪费时间的指责，但所有方方面面的积累，即是日后创意的后盾。在创意的道路上，往往要绕路而行，才有机会看到更美丽的风景，生活中，必须在脑子里有更多的输入（input)，才能有更好的输出（output）。

二、台湾独创的政论性综艺节目“全民大闷锅”

1. 不一样的政治模仿秀

打开台湾的电视，在任何时段都可能看到谈论政治时事的政论性节目，这类节目以当日或近日的重大新闻为主轴，由主持人邀请嘉宾共同讨论，并开放观众“叩应”(Call In：观众可打电话到节目现场）发表一己之见，讨论当局政策的得失之处、政治人物的言行、经济局势、社会问题等等。这类政论性节目在许多地方都见得到，台湾的同类型节目很难说有独到创新之处，但如果说到“政论性综艺节目”则前所未有，属于台湾首创的全新类型综艺节目。

所谓“政论性综艺节目”的开山鼻祖，是2002年于中天综合频道播出的“2100全民乱讲”。它是一个模仿秀性质的综艺节目，初期以极受欢迎的政论性节目“2100全民开讲”(TVBS频道)为模仿对象，由演员们扮演“2100全民开讲”里的主持人与嘉宾，并真实开放民众“叩应”，将政治时事的讨论娱乐化、综艺化，以达到不同于一般喜剧的“笑果”，创造出独特的综艺节目类型。受到观众的肯定之后，“2100全民乱讲”逐渐摆脱“2100全民开讲”的影子，于2004年转型为“全民乱讲之全民大闷锅”(简称：全民大闷锅)，除了保留现场直播与观众“叩应”的形式，其模仿的对象不再局限于“2100全民开讲”的主持人与政治人物，而是完全紧扣时事编写内容，举凡海内外政治人物、明星甚至成为新闻焦点的民众都成了被模仿的对象，节目以嘲讽社会现况为民众“解闷”为主旨，真正成为独创的新型综艺节目。

“生活觉得烦闷不顺吗？工作压力压得你喘不过气来吗？是不是连家里养的宠物都不想听你说话？那就一定要锁定搞笑模仿综艺‘全民大闷锅’……”

这是“全民大闷锅”在网站上的宣传词，每次节目一开始，所有人齐喊口号“解闷救台湾”，并由主持人说明今天的讨论话题，主持人由固定班底的演员们轮替，依话题性质模仿一知名人士，再由主持人介绍嘉宾以及一今日讨论主题的主角，这一主要人物坐在大型道具“闷锅”之中，准备接受大家的拷问。所有人物都由演员模仿，他们的姓名与被模仿者名字可能有些许不同，例如“陈阿匾”、“吕秀连”等。

节目中除了开放民众“扣应”之外，还穿插几段事前录制的短片单元，这些短片不仅丰富了节目内容，还可以让现场直播的演员们喘喘气。受到观众热烈欢迎的短片单元，其中的台词随即成为流行语，单元形式也被广告商加以运用，成

張國志人市分析師

好的老师带你上天堂，不好的老师直接带你住套房！
看老师如何分析人气指数，让你更了解名人或是政治人物的人市行情……

为一种广告内容模式。例如“张国志人市分析师”，由节目的主要演员郭子乾模仿台湾极尽夸张之能事的股票分析师，但把股票分析改成政治人物或知名人物的人气(受欢迎程度)分析，间接指出其所作所为不当之处。短剧一开始，张国志的口号“好的老师带你上天堂，不好的老师直接带你住套房！”（指选错股票被套牢）就先令人发笑，而张国志的习惯用语如“老师有讲过你有没有在听？”以及强调时加上手势的三句迭词如“老师说过不要道歉，不要道歉、不要道歉、不要道歉！”都成了日常生活中人们会模仿的语句。另一段招牌短剧“国台办记者会”，是模仿前“国台办”张名清的记者见面会，由擅长模仿各省口音的邰智源扮演，他掌握张名清山东人的直爽性格，面对记者提问无所不答，但对于有些提问则直接开骂，丝毫不隐藏情绪，是一个深受观众欢迎的角色。此外，如模仿香港《苹果日报》创办人召开编辑会议的“芒果乱报”（以一副用粤语发音的对联开场：以天下八卦为己任，置他人死生于度外”，横批是“言论自由”）以及嘲讽“总统”说谎不打草稿的“总统府就是你家”等单元都深受欢迎。

由于开始之初即仿照天天现场直播的“2100全民开讲”，因此，“2100全民乱讲”到转型后的“全民乱讲之全民大闷锅”也天天直播上阵。每日的题材，紧扣新闻时事从不重复，演员们今天扮演某议员，明天扮演某市长，后天则当总统；日日角色变换不说，还要能揣摩被模仿者的思想逻辑，接受观众“叩应”的挑战，回答各种意想不到的问题。如此不间断的“操练”使这群固定演出的演员似乎已锻炼出无所不能演、无所不会说的“特异功能”；或许也正因如此，这档创新且缔造收视佳绩的节目，至今仍不见跟风模仿者，一个难以被模仿的模仿秀，写下了台湾电视史上辉煌的一页。

2.“全民大闷锅”的成功秘诀

● **严谨的制作流程**

节目能每天紧抓时事话题来运作，靠的是幕后制作单位紧锣密鼓的准备工作。“全民大闷锅”的一天，从中午开始，节目执行制作带领八人小组启动运作，他们从多份报纸、网络及电视新闻里找题材，于下午2点半召开第一次会议，综合后确定3个左右的议题，然后再向制作人汇报，并于3点钟召开第二次会议。紧接着，道具组就开始找演员的服装，三位化妆师也到位准备。决定当天议题方向有两个标准，一是它本身的强度，二是当天参与演出的演员有谁。话题决定后，两位编剧随即展开作业，定出当晚要聊的大致方向，并把所有资料搜集完成，再拿给每一位演员看，下午5点后，绝对不再更改议题。晚上8点左右，演员们纷纷报到，演出单元短剧的演员需较早到达，晚上10点前，全部就位，夜里11点钟，准时开播（后来提前到10点播出）。

● 身经百战的演员

“全民大闷锅”的成功因素有很多，除了节目形式创意十足、每天的脚本撰写用心之外，天天披挂上阵的演员们功不可没。演员之中的郭子乾有“橡皮脸”的外号，他演谁像谁，并能准确掌握笑点；另一位演员郃智源，则像鹦鹉一般，各省口音甚至英语都难不倒他，具有深厚的戏剧功底与语言能力。这两位身经百战的资深演员，模仿的对象已超过200个，可谓节目中的“怪物”级灵魂人物。此外，几乎所有参与演出的演员，都有舞台表演的经历，其中有不少是戏剧相关科系毕业并投身舞台表演多年的优秀演员，例如演出“阿匾”、“李熬”等角色的唐从圣，毕业于台北艺术大学戏剧系，主修表演，多次参与表演工作坊、绿光剧团等台湾主要舞台剧团体的演出；而演出“秀连”、“蔡康泳”的许杰辉，具有浑然天成的喜剧感，从电视剧、综艺节目到歌舞剧都有优异表现。这些演员由于经历过舞台剧的磨炼，比起一般电视剧演员，更能适应现场播出的形态，并有更佳的临场反应能力。虽然，节目有精心编写、周密完善的脚本，演员似乎只要照本宣科就行，但事实上，观众爱看脱稿演出，节目中几句跳出剧本的台词，往往成为出彩的笑点。

● 创意加苦干缔造佳绩

幕前幕后人员的辛苦，很快得到了回报。2005年，“全民大闷锅”从上百个综艺节目中脱颖而出，勇夺台湾广播电视最主要奖项——金钟奖的“最佳综艺节目奖”，并得到接二连三的国际报道的肯定，如卡塔尔半岛电视台、新加坡新传媒电视、日本西日本和东日本新闻社等。受到日本媒体的赞赏，让“全民大闷锅”的工作人员感到十分骄傲，因为台湾的综艺节目一向“参考”日本为多，如今受到日本媒体的激赏，应是史无前例。大阪闻名的《西日本新闻》还特地派记者到台湾来采访，认为其结合了模仿、综艺、座谈等元素，是在日本从未见过的节目形态。此外，还引起了国际电视巨头CNN的注意。其CNN World Report报道了“全民大闷锅”以创新方式诠释政治话题，演员们还以英语演出单元短剧“国台办记者会”，让新闻多了意外的“笑果”。

●决不抄袭

2005年，播出“全民大闷锅”的中天电视台，成了金钟奖综艺类节目的最大赢家，3个节目囊括综艺类4项大奖——除了“全民大闷锅”获得综艺节目奖之外，“费玉清的清音乐”获得歌唱音乐节目奖与最佳主持人奖，“康熙来了”则获得综艺节目最佳主持人奖。值得一提的是，这3个节目的幕后推手都是王伟忠和他的搭档詹仁雄。王伟忠纵横电视圈数十年，因制作综艺节目“连环炮”而一炮走红，向来有“电视鬼才”的称号。台湾政治大学商学院EMBA的调查显示，高层经理人眼中的台湾创意代表人物，第一名是云门舞集创始人林怀民（31.3%），第二名就是节目制作人王伟忠（27.5%），第三名则是电影导演李安（25.1%）。

王伟忠做节目奉行一个最简单的理念——不能抄袭，即使是原有的节目类型，也要在内容上做出新意。王伟忠不仅开发了许多具创意的节目，还拥有洞悉艺人潜力特质的能力。在他的设计与组合下，艺人能发挥出令人惊讶的效果，成为节目的特点，因而开创出新型态的内容或得以打败同类的节目。例如由王伟忠制作的“康熙来了”，原是单纯的谈话性节目，因两位主持人蔡康永、小S的搭档（一位是学电影出身的创意王，另一位则是无厘头搞笑美女），而迸出许多创意的火花以及令人意想不到、捧腹大笑的对话，因而受到热烈的欢迎，为这两位原本看起来丝毫不相干的主持人开发出一条新的演艺之路。

● **从观众心理出发**

“全民大闷锅”不仅在台湾热播，通过卫星电视，海外华人圈也开始“疯闷锅”。新加坡《联合早报》林琬琲曾写了一篇《全球华人为何疯闷锅》的报道（2006年7月30日），并采访了台湾大学社会系助理教授李明璁，分析华人爱看“全民大闷锅”的原因。李教授指出，政治嘲讽深爱观众喜爱，主要是因为将冠冕堂皇、道貌岸然的政商名流平民化。“威权统治会把领导者神化，而政治嘲讽却非常有效地彻底解构神话的光环和魅力，将高高在上的政治领袖‘除魅化’，这其实是民主自由化的一种自然展现。”制作人王伟忠更简而言之：“让老百姓相信政治人物不是神，人民仍有相对的幽默力量去制衡他。”哲学家亚里士多德曾说：“喜剧是模仿比正常还差的人，它的特殊地方在于丑陋即是可笑，它引发人们的笑声。”台湾在新闻自由的环境下，民众对社会与政治现况知道虽多却感到无奈，于是他们就需要一个“解闷”的管道，“全民大闷锅”即是在如此特殊环境下的特

哈佛没教的字

在这充满着大沙猪主义的社会里面，连文字也是歧视女性。秀连的责任就是要改正这些所有歧视女性的文字，不管是它的音或义，在每一次的课堂上，都可以看到秀连如何将这些文字改正过来，让大家学到“新女性”的文字……

“全民大闷锅”节目的一个场景

色产物，其创意就在于，感受到特色并捉紧特色，再将它发挥出来。

无论对被模仿者造成的正面或负面影响如何，也无论综艺化的政治时事讨论是否有可能造成误导，“全民大闷锅”已成了台湾民众“解闷”的管道。在真相隐晦不清的现实中，模仿现实的综艺节目是否比一本正经但立场却偏颇的新闻节目更能传达真实呢？清楚地告知观众这是娱乐节目，是否反而能让观众保有个人判断力，不至于全然相信电视所言呢？这就像明摆着是广告的广告比佯装成新闻报道的广告要诚实多了。相对于为求收视率而尽量揭人隐私的谈话性节目、靠着“辣妹”穿帮色情镜头的游戏竞赛节目，以及观众已经感到麻木、各持己见的政论性节目，“全民大闷锅”长期受到观众的喜爱，足以证明：色情、暴力与低俗并不是收视率的强心剂，唯有贴近人心的创意才是收视率的可靠保证。

“全民大闷锅”就像是一幅后现代的拼贴作品，将人们对现实的无奈，以自我解嘲的方式解闷，并透过模仿，穿越时空限制，想演什么就演什么，尽情挥洒、反映时事与人民心情的创意。

第三节 小结与思考

综观港台两地的广播电视产业，充分展现了市场激烈竞争下的利与弊，体现出商业竞争的灵活与局限。香港从一开始即是全面地面向市场，收视率主导电视台的节目内容走向；台湾则是在“解严”之后，从当局管制走向受市场制约的道路。如何吸引观众眼球、投资如何得到最大回报，是两地业者共同的目标。

一、收视率至上的市场压力

受当局控制或受市场控制，似乎成了广电媒体难以逃脱的宿命，台湾业者笑称过去电视台是一通电话定生死（当局有关单位打电话到电视台下令停播或处分），现在则是以每日收到的收视率报告决定一切。为了拼收视率，各家电视台可谓无所不用其极，不仅有些提供休闲娱乐的电视剧与综艺节目有低俗化的倾向，就连本应提供重要信息的新闻频道也使劲播出无意义的政治“口水秀”或艺人名人的“八卦”，以赚取更高的收视率。

新闻频道特别多是台湾电视业的另一特色。这些频道24小时播放新闻，随时打开电视都可以看到最新的消息。但过多的新闻频道，其实也有资源浪费之弊。造成台湾新闻频道特别多的原因，除了制度上开放民营电视台经营新闻频道之外，还有其他几个因素：⑴ 有线电视多频道的环境，使大部分频道欠缺内容，而经营新闻频道既可扩大电视台影响力，亦有足够的内容供应全天播放。⑵ 台湾的新闻娱乐化、故事化现象，使收看新闻有时如看连续剧，不管大事小事都可能在新闻频道中出现，有些新闻看起来就像一场即兴演出的“脱口秀”。

然而，一点小事就能上新闻，一则不是很重大的新闻却一整天重复播放多次，每一新闻事件各台都派人前来采访，而播出时都大同小异。所有这些新闻台的“异象”，造成人力、频道双重的资源浪费。新闻频道的出现，本是为了服务广大的民众，更全面、更专业地报道国内外重大新闻事件以及与人民相关的信息，但如果沦于以“时事”作为“免费的剧本”，大量播出政治“口水秀”或无关人民痛痒的“八卦”消息，这样的新闻频道不仅没达到新闻播报应有的深入思考、贴近真实的要求，还透露出了经营者社会责任感的不足。

二、市场有限，成本更有限

香港的电视剧名闻遐迩，制作了许多脍炙人口的好戏，然而，各电视台之间的电视剧激烈竞争也造成不少没有新意的低成本制作。香港观众呈现两极化倾向——看电视与不看电视的人群，而不看电视的人愈来愈多，他们通常是社会精英阶级，就算打开电视也只听英文台的新闻以及一些国外的纪录片。台湾电视则像一个五花八门的万花筒，过多的频道导致过度的竞争，非常有限的市场使制作成本难以提升，因而出现各种低成本制作的节目，例如专门谈命理的节目、说鬼故事的节目，还有舞台设计如赌场一般，专门打麻将、玩牌的综艺节目等等。各种类型的节目在开创之初都具有它的创意，但在各频道跟风模仿之后，又变成千篇一律、了无新意了。

三、到内地市场开拓新局面

在一个自由竞争的环境下，虽更能激发出好的创意，但也有可能使电视这位“羞怯的巨人”① 向下沉沦，如果听之任之，对新一代将造成极大的负面影响，对整体社会的发展更为不利。不过，为下一代着想的呼声对现况帮助不大，民营企业在经营困难的压力下，自然容易“狗急跳墙”。另外，如制定管理广电内容的法规，以及要求媒体业者自律，其实皆非治本的方法。如何提升内容的质量，应回归到问题的源头思考，内容质量的下降源于恶性竞争，而恶性竞争的主要原因之一是市场有限，因此扩大市场才能有效解决问题。近年来，港台电视业积极与大陆合作，其动机已从早期的降低成本考虑转变为开拓更大的市场。

① 麦克鲁汉在《理解媒介——人体的延伸》一书中将电视比喻为“羞怯的巨人”。

金庸剧与琼瑶剧都因为大陆这块新兴的市场而得以拥有新的生命：新一轮的金庸剧由大陆制作人用心拍摄，征服了整个大中华市场；新一代的琼瑶剧则因与大陆电视台合作而找到更大的生机。一部受欢迎的电视剧为广播电视业带来巨大的效益，出色的演员因有机会登上这个舞台而受到更多的瞩目，成为成熟、闪亮的明星，往后这些明星们参与的新作品，就可以较为轻易地赢得观众的心，形成节目培养艺人、艺人为节目贡献的良性循环。

四、大陆、港台合作打入国际大市场

大陆、香港、台湾的合作不仅能打开更大的国内市场，受欢迎的作品还有机会进一步迈向海外，例如由台湾与大陆两地知名制作人徐立功与李小琬合作拍摄，讲述徐志摩一生故事的文学大戏《人间四月天》，在精致的拍摄（一集预算高达56万元人民币）与两地演员（黄磊、周迅、刘若英等）用心的发挥之下，不仅在两地得到很好的收视率回报，还获得美国艾美奖最佳外语电视剧奖入围的荣耀。

此外，在“哈日”与“韩流”的围攻下，近年来大中华的流行文化终于渐成气候，甚至有“反攻”日、韩之势。一股新兴的“华流”① 在日本吹散开来，来自大陆的歌手王菲、台湾的偶像团体F4（现已解散单飞）等艺人在当地受到许多人的喜爱，这是继邓丽君之后，大陆、香港、台湾的艺人再次成功地进入日本市场。流行文化如同其他文化，在全球化的影响之下虽呈现强者愈强的趋势，但有特色的节目依然有机会突破重围，得到跨国界的接纳，在国际拓展方面，既不要夜郎自大，更无须妄自菲薄。明星的培养是开拓流行文化市场极为重要的一步，受欢迎的明星具有很强的传播力，是最佳的文化使者。

想方设法开拓更大的市场，让良好的创意产生更大的效益，并吸引更多人才投入广电产业，才能将恶性竞争的局面转化为良性循环。大众媒体的大众化特质，并不等于低俗化。如何在贴近大众、吸引大众的同时，还能提升大众，成为大众文化的经典，这理应是广电业创意者共同努力的方向。

① 大中华圈的流行文化近年在日本兴起，受到一部分人的喜爱，包括电视剧、歌手等。

思考题

1. 比较金庸剧和琼瑶剧从文学原创到影视剧的演化过程，有什么差异和共性？它们为什么能成为电视台的“金矿”？
2. 在一个“新经典”匮乏的时代，电视剧产业如何在“老经典”之外拓展新的创意类型和公式？
3. 港台电视产业体现出自由竞争下的利与弊，在自由程度不同的环境里，电视产业的发展有何不同？是否都能产生好的创意？试举例讨论之。

参考文献

张允若编著：《外国新闻事业史教程》，高等教育出版社，2003年。

唐润华主编：《解密国际传媒集团》，南方日报出版社，2003年。

陈力丹著：《世界新闻传播史》，上海交通大学出版社，2002年。

张剑：《世界100位首富人物发迹史》，河南大学出版社，2004年。

明安香：《全球传播格局》，社会科学文献出版社，2006年。

龙一春：《日本传媒体制创新》，南方日报出版社，2006年。

《日本最大搞笑企业创刊新漫画杂志》，2007年2月8日，南方动漫网。

《吉本兴业进出大中华的策略》，2006年12月13日，知日部屋。

电视论坛第四场艺人经纪专场《媒体和艺人经纪》，2004年6月8日，新浪网上海频道。

维基百科：zh.wikipedia.com。

林瑞端：《媒介、消费与认同：台湾青少年收看日本偶像剧之效果研究》，2001年。

许敏：《日剧：那些高潮，那些失落》，《新世纪周刊》，2006年4月10日。

NHK儿童网站：http://www.nhk.or.jp/kids/。

NHK50年特辑：http://www.nhk.or.jp/archives/nhk50years/index.html。

NHK平成19年（2007）收支预算与事业计划：http://www.nhk.or.jp/pr/keiei/yosan/yosan19/yosan19.htm。

艾瑞咨询集团：《2006年全球广告市场数据报告》，2006年7月13日。

蔡尚伟：《影视传播与大众文化——文化工业时代的影视方法论》，四川大学出版社，2005年。

[加拿大]加里克·麦克卢汉、弗兰克·泰格龙：《麦克卢汉精粹》，南京大学出版社，2001年。

[美]瑟罗：《资本主义的未来》，中国社会科学出版社，1998年。

李献文：《港澳台电视概观》，中国传媒大学出版社，2004年。

陈卫平：《中外广播电视简史》，上海外语教育出版社，2006年。

孔庆东：《金庸评传》，河南医科大学出版社，2005年。

林欣仪:《台湾战后言情小说研究——以琼瑶小说为例》, 2002年。
张嘉倪:《跨越真实与拟仿的藩篱——解读〈2100全民乱讲之全民大闷锅〉之后现代模仿意涵》, 2004年。
洪宜君:《〈全民乱讲之全民大闷锅现象〉分析》, 2005年。
赵钏玲:《全民大闷锅之节目产制研究》, 2006年。
林琬琲:《全球华人为何疯闷锅》, 新加坡《联合早报》, 2006年7月30日。

图书在版编目(CIP)数据

电视创意产业/张国良主编;邱凌,崔辰,陈青文编著. —上海: 东方出版中心, 2009.1

(创意产业研究系列)

ISBN 978-7-80186-958-6

Ⅰ. 电… Ⅱ. ①张…②邱…③崔…④陈… Ⅲ. 电视事业—研究 Ⅳ. G22

中国版本图书馆 CIP 数据核字(2008)第 208512 号

电视创意产业

出版发行: 东方出版中心
地　　址: 上海市仙霞路 345 号
电　　话: 021-62417400
邮政编码: 200336
经　　销: 全国新华书店
印　　刷: 上海精英彩色印务有限公司
开　　本: 787×1092 毫米 1/16
字　　数: 206 千
印　　张: 11.5
印　　数: 0,001—3,000
版　　次: 2009 年 1 月第 1 版第 1 次印刷
ISBN 978-7-80186-958-6
定　　价: 45.00 元
